Über dieses Buch Der vorliegende Band versammelt und kommentiert Schöpfungsmythen aus verschiedenen Völkern, Kulturen und Zeiten. Anhand dieser Geschichten läßt sich sehr gut ablesen, wie unterschiedlich die jeweiligen Vorstellungen vom Anfang der Welt, vom Anfang der Dinge, von der Geburt des Menschen und vom Paradies in den einzelnen Kulturbereichen waren, wie vielfältig und poetisch die Erklärungsversuche zur Entstehung des Lebens.

Solche Mythen betreffen die Grundlagen unserer Existenz: sie sind anthropologisches und poetisches Konzentrat. In Schöpfungsmythen begegnen wir häufig unbewußten oder vor-bewußten Prozessen, die nicht so sehr den Ursprung unseres Kosmos beschreiben, sondern den Ursprung des menschlichen Bewußtseins von Welt überhaupt.

Was den Herausgeber Frederik Hetmann bei der Zusammenstellung dieser Schöpfungsmythen besonders interessiert hat, war die Frage, ob ein weibliches oder ein männliches Wesen als Schöpfungsgottheit angenommen wurde und welche Konsequenzen dies für den jeweiligen Mythos und die Interpretation des Kosmos hatte.

In fünf großen Kapiteln schlägt Hetmann den Bogen von den jahrhundertealten Mythen Mesopotamiens bis hin zu unseren modernen Märchen, ja bis zu H. C. Artmanns Geschichte ›Von der Erschaffung der Welt und ihren Dingen‹.

Über den Herausgeber Frederik Hetmann (Hans-Christian Kirsch), geboren 1934 in Breslau, studierte Sprachen und politische Wissenschaften in Frankfurt am Main, München und Madrid. Mitglied des PEN-Clubs. Lebt heute als Schriftsteller in Nomborn/Westerwald. Wichtige Veröffentlichungen u. a. ›Amerika Saga‹ (Deutscher Jugendbuchpreis 1965), ›Tilmann Riemenschneider. Ein deutsches Schicksal‹ 1981, ›William Morris, ein Mann gegen die Zeit. Leben und Werk‹ 1983, ›Die Reise in die Anderswelt‹ 1981, ›Madru oder Der Große Wald‹ 1984.

Eine Aufstellung seiner im Fischer Taschenbuch Verlag erschienenen Titel in der Reihe ›Volkserzählungen aus aller Welt‹ finden Sie im Anhang dieses Buches.

Frederik Hetmann

Die Göttin der Morgenröte

Schöpfungsmythen
aus aller Welt

Fischer Taschenbuch Verlag

Lektorat: Monika A. Weißenberger

Originalausgabe
Veröffentlicht im Fischer Taschenbuch Verlag GmbH,
Frankfurt am Main, April 1986

© 1986 by Fischer Taschenbuch Verlag GmbH, Frankfurt am Main
Umschlaggestaltung: Jan Buchholz / Reni Hinsch
Gesamtherstellung: Clausen & Bosse, Leck
Printed in Germany
980-ISBN-3-596-22867-0

Inhalt

I.
Die Göttin der Morgenröte –
die weibliche Schöpfungsgottheit

II.
Der männliche Schöpfungsgott

III.
Von oben nach unten –
von unten nach oben

IV.
Das Ding am Anfang und
der Anfang der Dinge

V.
Moderne Schöpfungsmythen

H. C. Artmann:

Vorwort

»Die Serie bemerkenswerter Riten, roh, wie sie unserem zivilisierten Bewußtsein erscheinen, können nicht ohne weiteres als Aberglaube primitiver Unwissenheit abgetan werden. Im Gegenteil, sie sind das funktionierende Zubehör einer primitiven Weisheit, die wenigstens in einigen Aspekten komplizierter und effektiver ist als die unsere. Ihr Hauptziel ist ein pädagogisches... die magische Transformation der Psyche. Tatsächlich ist dies ein Beispiel für die frühe Aktualität einer Praktik, aus der später im mittelalterlichen Europa die Idee des homunculus entstand, welche Goethe mit so differenziertem psychologischem und historischem Verständnis im zweiten Teil seines ›Faust‹ abhandelt: die geheimnisvolle Kunst, durch die ein kleiner Mensch aus dem groben Stoff (materia prima) hervorgebracht wird, den die Natur liefert.«[1]

Joseph Campbell, The Masks of God, Primitive Mythology

»Oh ihr Felsen, indem wir euren Heiligen Atem aufnehmen, wird unser Volk die Kraft gewinnen für einen langen Weg in die Zukunft,
für den Pfad des Lebens; was ihr ausatmet, der Dampf
ist der Atem des Lebens...«[2]

Gebet der Sioux für das Schwitzbad

»Jede Stadt, die gegründet wird, wiederholt sozusagen die Kosmogonie; ein Zentrum wird errichtet, das der Nabel der Welt ist und um das herum sich alles konzentriert. Dabei wird die Schöpfungsmythe entweder partiell nachvollzogen in einem Ritual oder sie wird mit großem Ernst nacherzählt.«[3]

Der vorliegende Band versammelt Schöpfungsmythen aus verschiedenen Völkern und Kulturen. Dabei eine Vollständigkeit zu erreichen, wäre im Rahmen eines Taschenbuchs unmöglich gewesen. Wissenschaftler, die um die verschiedenen Typen und Modelle von Schöpfungsgeschichten wissen, werden leicht nachweisen können, daß das eine oder andere unterrepräsentiert oder gar nicht vertreten ist. Ich habe mich bemüht, einerseits Prototypen vorzustellen, andererseits, dem Leser gute Geschichten zu bieten.

Der Titel *Die Göttin der Morgenröte* macht klar, daß mich ein Aspekt bei den Schöpfungsmythen besonders interessiert hat. Es ist der der Konsequenzen einer weiblichen oder männlichen Schöpfungsgottheit.

Wenn Marie-Louise von Franz[4] in ihren Vorlesungen über Schöpfungsmythen, in der diese vor allem unter einem psychologischen Aspekt der Jung'schen Schule betrachtet werden, erklärt, solche Mythen beträfen die Grundlagen unserer Existenz, so ist das nicht übertrieben. Wir sollten uns von dem naiv-archaischen Ton dieser Geschichten nicht täuschen lassen. Sie sind anthropologisches und poetisches Konzentrat. In Schöpfungsmythen begegnen wir häufig unbewußten oder vor-bewußten Prozessen, die nicht so sehr den Ursprung unseres Kosmos beschreiben, sondern den Ursprung des menschlichen Bewußtseins von Welt überhaupt. Es scheinen sich in ihnen Wahrheiten und Bilder und Handlungsabläufe ausgeprägt zu haben, um die wir Kinder einer späten Zeit freilich rational-abstrakt wissen, die aber hier durch die besondere Bildhaftigkeit und Kühnheit der Darstellung unsere Abstraktionen wieder verlebendigen und uns damit die Bedingungen unserer Existenz neu vor Augen führen. In vielen primitiven Gesellschaften bildet das Erzählen der Schöpfungsmythe einen wesentlichen Bestandteil des Rituals der Initiation, der Einführung ins Leben. In anderen Gesellschaften werden sie bei der Behandlung psychosomatischer Erkrankungen angewandt. (Zeremonien der Indianer des Südwestens der USA.) Die Fidji-Insulaner erzählen sich ihre Schöpfungsmythe nicht nur an jedem Neujahrstag, sondern auch immer dann, wenn ihr Leben einer ernsthaften Bedrohung ausgesetzt ist, wann immer sie von Disassoziationen, von Angst und sozialer Unordnung bedroht sind.

Soviel zur heilenden Macht dieser Mythen.

Freilich lassen sich Mythen auch als raffinierte Instrumente der Machtausübung und als Mittel zur Sanktionierung von Herrschaft gebrauchen. Oder anders ausgedrückt: Eben weil Schöpfungsmythen in der Lage waren und sind, eine so starke, eindrucksvolle Wirkung auf Menschen auszuüben, sind sie stets auch von Herrschenden in ihren Dienst genommen worden. Es sollte möglich sein, sich an ihrer Schönheit und ihrer poetischen Leuchtkraft, auch an ihrem schier unerschöpflichen Einfallsreichtum und ihrem Witz zu erfreuen, ohne dabei sein kritisches Bewußtsein zu vergessen. In einer Zeit, in der viel von einem »neuen Geheimnis« geraunt wird, und die Rattenfänger der Irrationalität ein vielstimmiges Konzert ihrer Instrumente ertönen lassen, in der Träume von einer Schöpfung ohne den Menschen, von einer Wildnis, in der nur noch schöne Kristalle einander anfunkeln, Beifall finden, schien es mir nicht nur notwendig, sondern geradezu unabdingbar, den Mythentexten selbst Kommentare und Erklärungen beizugeben, die man teilen oder ablehnen mag, die aber hoffentlich zum Nachdenken anregen.

Niemand, der einen solchen Versuch unternimmt, kommt ohne die Vorarbeiten anderer aus. Deswegen möchte ich aus der Vielzahl der Bücher und Veröffentlichungen, die ich selbst in letzter Zeit gelesen und durchgearbeitet habe, drei hervorheben, denen der vorliegende Band *Die Göttin der Morgenröte* in besonderer Weise verpflichtet ist. Es sind dies: Joseph Campbells schon vom Umfang her gewaltiges, vierbändiges Werk »The Masks of God« (Primitive Mythology, Oriental Mythology, Occidental Mythology und Creative Mythology); Marie-Louise von Franz, »Creation Myths« und Ruth M. Underhills »Red Man's Religion«. Alle drei Werke liegen, soviel ich weiß, in deutscher Sprache noch nicht vor.

Es versteht sich, daß keiner dieser drei Autoren Standpunkte und Positionen, die ich einnehme, zu verantworten hat. Ich erwähne sie hier als Lehrerinnen und Lehrer, mit denen ich mich lesend auseinanderzusetzen versucht habe, und von deren Büchern ich mir wünschte, daß sie die Leserinnen und Leser dieses Bandes zur weiterführenden Lektüre aufschlagen würden.

Zu danken habe ich vielen Freunden und Liebhabern von Mythen, die mich auf den einen oder anderen Text aufmerksam machten bzw. mir schwer zugängliche Bücher zur Verfügung stellten.

Zu danken habe ich auch meinem Sohn Laurenz für seine technische Hilfe bei der Herstellung des Manuskriptes.

Nomborn im Westerwald,
Sommer 1985   Frederik Hetmann

An die Schöpfer-Gottheit
Inca / Peru, Südamerika

Viacocha, Herrin oder Herr des Universums,
ob nun männlich oder weiblich,
auf jeden Fall Wesen, das über die Hitze
und über die Fortpflanzung gebietet:
du kannst mit deinem Speichel Zauber bewirken.
Wer bist du?
Wünschte, du würdest dich nicht verbergen
vor dem Sohn des Thina!
Vielleicht bist du oben,
vielleicht bist du unten,
vielleicht auch
weit draußen im Weltenraum.
Wo ist des Mächtigen Gerichtsitz?
Hörst du mich?
Vielleicht liegst du fern hingestreckt über den
    oberen Wasser
oder an den Stränden des unteren Wassers.
Vielleicht wohnst du,
Schöpfer der Welt,
Schöpfer des Menschen,
unter meinen Vorfahren.
Vor deinem Angesicht
bricht mir das Auge,
obgleich es dich so sehr zu sehen verlangt,
dich zu kennen verlangt,
von dir zu lernen verlangt,
dich zu verstehen verlangt.
Du wirst mich sehen.
Du wirst mich kennen.
Die Sonne – der Mond, der Tag – die Nacht,
Sommer und Winter,

kommen und gehen nicht zufällig
in geordneter Reihenfolge.
Sie erscheinen, wann immer du aufstampfst,
mit deinem Königsstab,
Schöpfer.
Oh! Höre mich an,
lass es nicht zu,
daß ich schon bald
müde werde
und sterben muß.[1]

I
Die Göttin der Morgenröte –
die weibliche Schöpfungsgottheit

Die Spuren der weiblichen Schöpfungsgottheit finden sich vor allem, entsprechend der Kulturentwicklung dieser frühen Zeit, in der bildenden Kunst. Mythen und Märchen der ganzen Welt, die erst später niedergeschrieben worden sind, enthalten Hinweise darauf, daß die früheste Vorstellung von dem die Schöpfung auslösenden Wesen die einer Göttin gewesen ist.

Der Mondbaum
Mesopotamien

Der »Gesang aus Eridu« gilt als eine der ältesten religiösen Dichtungen. Eridu war vermutlich eine Niederlassung der Chaldäer am Persischen Golf. Der heilige Baum, der hier besungen wird, ist das »Haus der mächtigen Mutter, die über den Himmel hingeht«. In der Mitte davon ist Tammuz, der Grüne, Sohn und Gefährte der jungfräulichen Mondmutter Ishtar.

Seine weiße kristallne Wurzel (oder Frucht) reichte in die Tiefe.
Sein Stamm war der Mittelpunkt der Erde;
Sein Laub war das Lager von Zikum, der Ur-Mutter.
In das Herz des heiligen Hauses, das seinen Schatten ausbreitet wie ein Wald
Ist kein Mensch eingetreten.
Dort ist das Haus der mächtigen Mutter, die über den Himmel hingeht.
In der Mitte davon war Tammuz.[1]

Lied auf die Göttin Ninhursag
Tantrasara / Indien

Ein anderes Lied auf die weibliche Schöpfungsgottheit ist in
sehr frühen Quellen Indiens überliefert. Es lautet:

Oh Mutter! Ursache und Mutter der Welt!
Du bist das eine unsterbliche Wesen,
du Mutter unzähliger Kreaturen.
Aus dir entsprangen die Götter: selbst Brahma, der
    Schöpfer,
Vishnu, der uns erhält und Schiwa, der alles zerstört!
O Mutter, indem ich dein Lob singe, reinige ich meine
    Sprache.

Wie der Mond allein unter allen Gestirnen der Nacht
mit seinem Glanz übertrifft den weißen Nachtlotus,
wie die Sonne mit ihren Strahlen als einziges Licht des
    Tages
die Blütenpracht des Taglotus übertrifft,
so übertriffst du alle anderen Dinge,
und erhellst das Universum mit deinen Blicken.[2]

Offenbar ist die Vorstellung von dieser Gottheit auf einer Völ-
kerwanderung schließlich bis ins südliche Mesopotamien gelangt. Neben den frühen Städten Uruk und Eridu, hat man dort
in der Umgebung von Bagdad die Orte Khafajah und Uquair
ausgegraben. In ihnen fanden sich Tempel und Einzäunungen,
in denen die weiblichen Schöpfungsgottheiten Ninhursag und
Inanna verehrt worden sind. Ganz ähnlich wie bei den indischen Tempeln dieser Gottheit, sind die Innenräume symbo-
lisch dem weiblichen Sexualorgan nachgebildet. Andererseits
ist man in Südindien auf Stämme gestoßen, die noch immer das
Kalb als Sohn einer Muttergottheit verehren und bis auf den
heutigen Tag Gebete sprechen, in denen das Wort »Ninhursag«
auftaucht, mit dem allerdings die Menschen dort keine anderen
Vorstellungen mehr als die verbinden, daß es etwas Heiliges
bezeichnet.

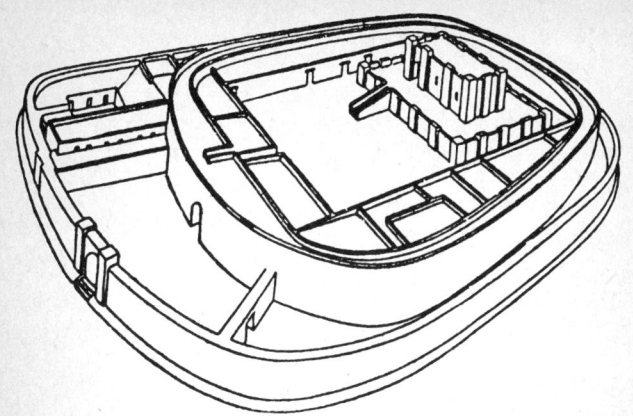

Früher Tempelkomplex im Iran um 4000–3500 v. Chr.

Die Schöpfungsgöttin hatte als Herrin über Leben und Tod durchaus auch einen bedrohenden Aspekt. Wir begegnen ihm beispielsweise bei der Hindu-Göttin Kali, die mit ihrer langen, aus dem Mund heraushängenden Zunge das Leben und das Blut ihrer Kinder aufleckt. Eine späte Erinnerung an diese Gestalt im Kulturkreis des Mittelmeeres ist Kirke als »Herrin der Tiere« und männerverhexendes Wesen im 10. Gesang der Odysee. Aber in Indien ist Kali nur der eine, der erschreckende Aspekt einer Muttergottheit, die auch den Namen Annapura trägt, was soviel wie »Nahrung im Überfluß« bedeutet. Hier tritt eine Eigenart zu Tage, die wir bei all den verschiedenen »Masken« dieser frühen weiblichen Gottheit wiederfinden werden. Sie ist nicht Gegensatz zu etwas, sie vereinigt in sich Gegensätze wie Tag und Nacht, Leben und Tod, Gut und Böse.

In Babylonien trägt diese die Schöpfung in Gang setzende, sie wieder in sich zurücknehmende und sie erneut hervorbringende weibliche Gottheit den Namen Ishtar. Hier gebiert und nährt sie den Mondgott, der ihr Sohn, zugleich aber auch ihr Geliebter ist.

In Griechenland begegnen wir als Nachfahrin der Ishtar (oder als analoge mythologische Gestalt) Demeter als Göttin der Fruchtbarkeit, die zugleich den Eleusischen Mysterien präsidiert. Ihr Sohn Ploutos (nicht zu verwechseln mit Pluto) steht für den Reichtum der Erde, später für Glück im Überfluß.

Göttin Demeter

Mysterienorte, von denen Eleusis am längsten bekannt geblieben ist, hat es im vorderen Orient, im Mittelmeerraum und wohl auch in Indien in alter Zeit viele gegeben. Das Kernstück des Mysteriums, der Geheimlehre, bestand in einer Meditation oder Kontemplation über die Macht der Göttin oder in Spielen, in der sie als Herrin über Leben und Tod, über Menschen, Tier und Pflanzenwelt verherrlicht wurde. Der Initiant identifizierte sich mit dem Sohn, der sterben muß, aber wiedergeboren wird. Für die Wiedergeburt stand als Symbol meist der Mond oder die Schlange, ein Gestirn und ein Tier, die Vergehen und Wiederlebendigwerden in der Natur besonders eindrucksvoll vorführen. Später wurde die Schlange zum Symbol für den Vater bzw. den Gefährten der Großen Gottheit.

Ishtar, als große Mutter am Nachthimmel, erquickt auch »die müde und erschöpfte Seele des Lebendigen im Schlafdunkel des Unbewußten«. Am Morgen erwacht der Schläfer wie die Sonne, gestärkt und frisch, und sein Lebensrhythmus beginnt wieder.

»Als Lebensbaum speist die große Baumgöttin den Nachthimmel und die Unterwelt«, schreibt Erich Neumann.

Es scheint, daß die frühen Könige sich als die irdischen Repräsentanten einer Mondgöttin verstanden, deren Signum Baum, Mond und Schlange gewesen sind:

Der Weltbaum mit Schlange, Sonne und Mond

Jedenfalls taucht die Szene mit Eva, dem Baum und der Schlange schon gut 7000 Jahre vor jener Versuchungs-Geschichte in der Genesis auf. 2025 v. Chr. bezeichnet sich ein sumerischer König als »Ningizzida«, Herr des Baumes der Wahrheit«. Er versteht sich also noch als der irdische Heros der übermächtigen weiblichen Schöpfungsmacht.

Akkadianisches Rollsiegel aus der Zeit 2350–2150 v. Chr.
Der Fürst der Schlangen wird inthronisiert

Der Baum ist die Weltachse, das unbewegliche Zentrum der Welt. Mit ihm steht und fällt der Bestand der Welt. Deswegen wird er auch später immer wieder mit dem Beginn von Welten (Paradies) oder dem Erscheinen von Erlösergestalten (Buddha und Jesus) in Zusammenhang gebracht.

Syrohittitische Darstellung von Gilgamesch
als Schutzherr eines Waldheiligtums bzw. der Axis Mundi
(Weltachse oder Säule, die die Welt trägt)

Eine Schlange ist es übrigens auch, die Gilgamesch, einem der Gründergestalten des Zeitalters der Männerherrschaft, jenes Kraut stiehlt, das er aus der Tiefe des Meeres heraufgeholt hat und auf die Befestigungsanlagen von Uruk anpflanzen will, weil es »Männer im Alter wieder jung macht«.

Sumerisches Siegel. Die Göttin des Baumes

Das hat die Mythenforscher zu der Vermutung gebracht, daß die Episode mit Adam, Eva und der Schlange in der erst viel später entstandenen Genesis eine wesentlich andere (frühere) Geschichte ersetzte, die sich jedoch rekonstruieren läßt. Dazu der Sprachforscher Richard Fester:
»Inmitten der Schöpfungsgeschichten des Vorderen Orients,

zwischen den ägyptischen, mittelmeerischen und mesopotani-
schen Hochkulturen erscheint die biblische Schöpfungsgeschichte vom Paradies und Adam und Eva als tendenziöse Fäl-
schung. Die Sache mit Eva war ursprünglich mit Sicherheit eine
Parallele zu (den Göttinnen) Neith und Inanna – in ›Wahrheit‹
also gebar Eva, die Urmutter der Juden, den Gott Jahwe und
zeugte mit ihm Adam.«[3]
Oder wie es der Prähistoriker, Prof. Karl Brüning interpretiert:
»Wenn der Verfasser (der Genesis) die Schuld am Verlust des
Paradieses der Eva, also der Frau, aufbürdet, so zielte er damit
auf die unbedingte Durchsetzung einer patriarchalischen Ordnung ab, die für ihn zur Zeit der Abfassung ein erst noch durch-
zusetzendes Programm war.«[4]

Der Orphische Schöpfungsmythos
Griechenland

Aber die Orphiker sagen, daß die schwarzgeflügelte
Nacht, eine Göttin, vor der selbst Zeus in Ehrfurcht
stand, vom Wind umworben wurde, und daß sie ein sil-
bernes Ei im Schoß der Dunkelheit legte; und daß Eros,
den manche Phanes nennen, diesem Ei entschlüpfte und
das All in Bewegung setzte. Eros war zweigeschlechtlich
und goldgeflügelt. Manchmal brüllte er mit seinen vier
Häuptern wie ein Stier oder ein Löwe, manchmal zischte
er wie eine Schlange oder blökte wie ein Widder. Seine
Mutter, die ihn Erikepaios nannte oder Protogenos
Phaeton, lebte mit ihm in einer Höhle. Sie selbst zeigte
sich in der Trinität von Nacht, Ordnung und Gerechtig-
keit. Vor der Höhle saß die unentrinnbare Mutter Rhea,
eine bronzene Trommel rührend, und lenkte des Menschen Aufmerksamkeit auf das Orakel der Göttin. Phanes schuf die Erde, den Himmel, die Sonne und den
Mond; aber die Dreifaltige Göttin regierte das All, bis ihr
Zepter an Uranos überging.[5]

Abbilder der weiblichen Schöpfungsgottheit, die als »Göttin der Morgenröte« diesem Band ihren Namen gaben, sind nicht nur aus Indien, dem Vorderen Orient und aus dem minoischen Kreta und dem Griechenland Homers in Zeichen und Geschichten überliefert, wir begegnen ihr auch in mythologischen Zeugnissen aus der Frühgeschichte Amerikas, Ozeaniens, Neu-Seelands und Australiens und im nördlichen Europa. Das legt die Vermutung nahe, daß diese Vorstellung von der weiblichen Schöpfungsgottheit an einen bestimmten Zustand der menschlichen Entwicklung in der Geschichte gebunden ist.

Die Mutter der Gesänge

Kargaba Indianer / Nordamerika

Die »Mutter der Gesänge« (Sibalaneuman), die Mutter unseres ganzen Samens, gebar uns im Anfang. Sie ist die Mutter aller Menschen und ist die Mutter aller Stämme. Sie ist die Mutter der Donner, die Mutter der Flüsse, die Mutter der Bäume und aller Arten von Dingen. Sie ist die Mutter der Gesänge und Tänze. Sie ist die Mutter der Welt und der älteren Brüder, den Steinen. Sie ist die Mutter der Feldfrüchte und die Mutter aller Dinge. Sie ist die Mutter der jüngeren Brüder, der Franzosen und der Fremden. Sie ist die Mutter der Tanzgeräte und der Tempel und ist die einzige Mutter, die wir haben. Sie ist die Mutter der Tiere, die einzige, die wir haben. Sie ist die Mutter der Milchstraße. Die Mutter selbst war es, die zu taufen begann. Sie händigte die Kalkdose (zum Kokaessen) aus. Sie ist die Mutter des Regens, die einzige die wir haben. Sie allein ist die Mutter der Dinge, sie allein. Und so hat die Mutter ein Andenken in allen Tempeln hinterlassen. Zusammen mit ihren Söhnen, »den Heilbringern« Sintana, Seizankua, Aluanuiko und Kultsavitabauya, hinterließ sie als Andenken Gesänge und Tänze. So haben es die Priester, Väter und ältere Brüder berichtet.[6]

Die Schöpfungsgeschichte der Nehan
Papua-Neuguinea

Am Anfang lebte niemand auf der Insel Nehan, nur unsere Große Muttergottheit. Sie hieß Timbehes. Das bedeutete »Mutter der Fruchtbarkeit«. Sie lebte in Hohou. Das bedeutet »Ort des Schlafes«. Timbehes schuf alle Dinge. Timbehes Lieblingstier war ein großes Schwein namens Bungtione. Bungtione schlief in Barahun. An der Küste kann man noch die mit blauem Meerwasser gefüllte Vertiefung sehen, in der es sich suhlte. Wenn Bungtione grunzte, glaubte man, große Wellen schlügen an die Klippen. Timbehes hatte auch einen Lieblingsschmetterling. Er hieß Sisiklik. Er war sehr schön und Timbehes liebte ihn sehr.

Timbehes hatte alles, nur keine Kinder. Eines Tages nahm sie eine Banane und steckte sie in ihre Scheide. Später gebar sie einen Sohn und nannte ihn Bangar. Dann gebar sie einen zweiten Sohn und nannte ihn Lean. Ihr drittes Kind war ein Mädchen, und sie nannte es Sisianlik. Ihre Kinder wuchsen auf und spielten zusammen. Aber nach vielen Monaten waren sie erwachsen und hatten niemanden zum Heiraten. Die Muttergöttin hatte einen Plan. Sie rief ihren ältesten Sohn Bangar zu sich und sagte: »Bangar, mein Sohn, lege dich ins Haus und tue so, als seist du krank. Stöhne laut. Lege dich ans Feuer. Ich will dann deiner Schwester Sisianlik sagen, sie soll sich um dich kümmern. Wenn sie kommt, lege dich aufreizend hin, damit sie sich in dich verliebt.«

Bangar gehorchte. Als seine Schwester Sisianlik kam, sah sie ihren Bruder verführerisch daliegen, aber sie gab ihm lediglich zu essen, schichtete Feuer auf und ging hinaus. Sie ließ sich nicht verführen. Aber ihre Mutter schickte sie noch einmal zu Bangar. Wieder lag Bangar verführerisch da, und dieses Mal konnte Sisianlik nicht widerstehen. Sie schlief mit ihrem eigenen Bruder. So wurden

Bangar und Sisianlik das erste Paar. Sie bekamen viele Kinder, und Timbehes war glücklich.

Eines Tages vergnügten sich Bangar und sein Bruder Lean am Feuer. Das Feuer brannte nicht so recht, sondern rauchte nur. Bangar forderte seinen Bruder heraus, über das Feuer zu springen. Er behauptete, er selbst sei bereits darüber gesprungen. In Wahrheit war er hinter einer Rauchwand einfach auf die andere Seite gegangen. Lean glaubte seinem älteren Bruder und gehorchte. Aber als Lean sprang, schlugen die Flammen hoch und ergriffen Lean. Er fiel ins Feuer und verbrannte. Der hilflose Bangar konnte seinen Bruder nicht retten. Aber als das Holz verbrannt war, und die Flammen sich legten, barg er die Leiche seines Bruders. Der heiße Körper seines Bruders verbrannte ihm die Finger, und Bangar leckte sie, um sie zu kühlen. Da merkte er, daß die Leiche seines Bruders gut schmeckte. Und so begannen wir, Menschen zu essen.

Allen tat Lean leid. Sie trauerten um ihn. Bangar nahm Leans Schädel und schmückte ihn mit rotem Ton. Da stellte er den Schädel auf ein Podest an einen Ehrenplatz auf der rechten Seite des Hauses.

Erstaunt sah Bangar, wie ein Baum aus dem Schädel wuchs, ein Baum, wie ihn keiner vorher gesehen hatte. Dieser Baum war die Kokospalme. Es war ein kleiner Baum, aber er trug bündelweise Kokosnüsse, die auf den Boden ruhten. Der Baum wuchs nicht höher, aber die Nüsse glichen Menschenköpfen, denn sie waren aus Leans Schädel entstanden.

Eines Tages kehrte Sisianlik vor dem Haus. Als sie müde wurde, ruhte sie sich auf einem Bündel Kokusnüsse aus, aber das war schamlos von ihr. Sie hatte den Baum nicht geachtet, der aus dem Schädel ihres Bruders gewachsen war. Sofort wuchs der Baum in den Himmel. Von diesem Tag an wuchsen Kokospalmen in die Höhe und außer Reichweite der Frauen. Bis auf den heutigen Tag dürfen Frauen nicht auf Kokospalmen klettern, denn sie dürfen sich nicht über die Männer erheben. Diese erste Kokospalme wuchs so hoch in den Himmel hinein, so daß niemand den Wipfel sehen konnte. Eines Tages versammelte Timbehes alle Lebewesen, Menschen, Tiere und Vögel, und forderte sie zu einem Wettstreit auf. Sie sollten versuchen, den Baumwipfel zu erreichen. Viele Männer versuchten sich, mußten aber aufgeben, weil ihnen die Luft ausging. Sie wurden hungrig und durstig und mußten umkehren. Auch den Tieren und den Vögeln ging die Luft aus. Sie wurden hungrig und durstig und mußten umkehren, ohne den Wipfel erreicht zu haben.

Da kam die Reihe an den Fliegenden Hund. Der Fliegende Hund war indes klug. Er bereitete sich gut auf die Reise vor und nahm genug Nahrung mit. Er konnte mehr Nahrung mitnehmen, weil er so viele Krallen hatte. Der Fliegende Hund kletterte hoch und höher. Wurde er hungrig, ruhte er aus und aß. Dann kletterte er weiter, bis er außer Sichtweite war.

Als der Fliegende Hund den Wipfel erreicht hatte, verteilte er Kokosnüsse über die ganze Erde. Die größten Nüsse warf er auf die Insel Nehan, denn sie waren zu schwer, um sie weit zu werfen. Auf die anderen Inseln, die weiter entfernt lagen, konnte er nur kleine Nüsse werfen. Daher haben wir auf Nehan bis zum heutigen Tag die größten Nüsse. Aber die Inseln, die am weitesten fort lagen, haben überhaupt keine Nüsse, denn der Fliegende Hund konnte sie nicht so weit werfen. Die Muttergottheit Timbehes hatte nun viele Enkel durch Bangars und Sisianliks Heirat. Sie beschloß, sie in verschiedene Gruppen aufzuteilen und ihnen die Heirat zu erlauben. Eines Tages veranstaltete sie ein großes Fest in Hohou. Im Dorf standen lange Reihen von Körben mit Nahrungsmittel. In den Körben lagen verschiedene Feldfrüchte und Fisch und Fleisch. Als alle Vorbereitungen getroffen waren, rief sie ihre Enkel zusammen und sagte zu ihnen:

»Wählt euch eine Speise aus. Nehmt, was ihr wollt. Aber die Speise, die ihr jetzt verweigert, muß euch heilig bleiben, und ihr dürft sie nie wieder essen.« Alle kamen und trafen ihre Wahl. Einige nahmen alles außer dem Korb mit den Affenbrotfrüchten und Tauben. So wurde ihnen die Affenbrotfrucht und die Tauben heilig, und Timbehes verbot ihnen, sie jemals wieder zu essen. Jetzt gehörten sie dem Taubenklan an.

Andere verweigerten den Korb mit dem Adler und dem roten Yams. Ihnen wurde Adler und roter Yams heilig, und heute gehören sie dem Adlerklan an. Andere verweigerten das Schwein und gehören heute dem Schweineklan an. So ging es weiter bis alle Klans gebildet waren.

Dann befahl Timbehes den verschiedenen Klans zu heiraten, aber sie verbot ihnen innerhalb des eigenen Klans zu heiraten.

Das ist die Geschichte von der Abstammung der Nehan von der Muttergottheit Timbehes.[7]

Ilmatur, die Wassermutter
Aus dem »Kalevala« /
Finnland

Das »Kalevala« ist ein finnisches Volksepos, das im westlichen Teil des Landes mit Runen aufgeschrieben wurde. Skandinavische, litauische und russische Einflüsse haben auf die finnische Volksüberlieferung eingewirkt und sind in sie eingeschmolzen. Die Schöpfungsgeschichte an seinem Anfang gehört insofern in dieses Kapitel, als hier die Entstehung der Welt aus einem aufbrechenden Ei geschildert wird. Die Schwängerung der Schöpferin durch den Wind, ist eine spätere, erklärende Paraphrase zum Motiv der zunächst als jungfräulich gebärend vorgestellten weiblichen Schöpfungsgottheit.

Vor langer Zeit, als die Luftgeister noch in den Luftgefilden wohnten, da lebte auch Ilmatar, die reine Lufttochter. Hin und her zog sie durch das unermeßlich öde Luftgehöft, bis sie endlich ihres Daseins überdrüssig wurde.

»Ich will nicht mehr nur jungfräulich dahinleben in dieser endlosen Weite!« sagte sie zu sich selbst. Deshalb stieg sie aus den Lüften herab und senkte sich auf das Wasser des Urmeeres.

Da kam ein böser Windstoß von Osten, hob sie auf die Meeresbrandung und warf sie in die schäumenden Wogen. Hin und her trieb er die Jungfrau und wiegte sie hart auf dem blauen offenen Wasser. Und sie ward schwanger vom Wind und blieb siebenhundert Jahre im Urmeer, ohne ihr Kind zu gebären.

Ilmatar schwamm bis zu dem Ort, nach Westen, nach Nordwesten und nach Süden. Sie schwamm bis zu dem Ort, wo Himmel und Wasser zusammenstoßen. Aber ihr Kind konnte sie nicht gebären.

»Ach, ich Arme!« rief sie. »Ewig muß ich nun unter freiem Himmel hin und her schwimmen und werde vom Winde gewiegt und von Wogen geworfen! Besser wäre es mir, ich lebte noch als Lüftetochter, statt mich hier als Wassermutter zu wälzen. Bitterkalt ist es in diesem Gewässer, und traurig, so allein im Meer zu treiben!

O du Herr des Himmels, du Lüftevater! Den ganzen Luftraum trägst du! Trag auch mein Leid! Komm, eile und säume nicht! Ich rufe dich, weil ich dich brauche!«

Als Ilmatar so geklagt hatte, sah sie, wie eine Tauchente in schnellem Flug herankam. Die suchte eine Stelle, auf der sie einen Brutplatz bauen konnt. Sie flog nach Osten, flog nach Westen, flog nach Nordwesten und auch nach Süden. Auf dem ganzen Meer gab es aber nichts Festes, worauf sie hätte ein Nest bauen können.

»Soll ich mein Nest in den Wind bauen? jammerte sie, »oder soll ich es auf den Kamm einer Woge setzen? Was würde dann daraus? Zerstören würde es der Wind, und die Wogen würden es verzetteln!«

Als Ilmatar die Ente so jammern hörte, hob sie die Knie

aus den Wellen. Weithin schweifend schwebte der schöne bunte Entenvogel, bis er Ilmatars Knie über dem blauen Wasser bemerkte. Sachte ließ er sich auf diesem Hügel nieder, baute ein Nest und legte sechs ganz goldene Eier hinein. Das siebente aber war aus Eisen.

Die Ente begann zu brüten. Sie brütete den einen Tag und auch den zweiten. Am dritten Tag aber wurde die Bruthitze so groß, daß Ilmatars Knie versengt wurde und ihre Adern zu schmelzen drohten. Jäh schüttelte sie ihre Glieder. Die Eier rollten ins Meer und zerbrachen in viele Stücke. Aber der Schlick verschlang die Scherben nicht, und die See riß sie nicht mit, sondern alles wendete sich zum Guten. Denn siehe, die Stücke verwandelten sich: Aus der unteren Hälfte des Eies wurde die Erdentiefe. Aus dem oberen Teil eines Eis wurde der hohe Himmel. Aus dem oberen Teil eines Dotters wurde die weithin strahlende Sonne. Aus dem oberen Teil eines Eiweißes wurde der Mond mit mildem Glanz. Das, was aus Eiweiß und Eigelb gemischt und gesprenkelt war, wurde zu Sternen. Das Dunkle im Ei wurde zu den Wolken, die durch die Lüfte zogen. Himmel und Erden waren so geborgen, aber Väinämöinen, der Sohn der Wassermutter, war noch nicht geboren.

Die Jahre zogen beim Glanz der neuen Sonne und beim Schein des neuen Mondes fort und fort, und Ilmatar trieb weiter auf den dunstumstobenen Wellen, unter dem klaren Himmel dahin.

Endlich, im zehnten Sommer, hob sie ihr Haupt aus den Wogen und reckte die Stirn aus dem Wasser. Wo sie mit der Hand hindeutete, da erhob sich Land aus dem Meer. Wo ihr Fuß den Grund berührte, wurde Laichgrund für die Fische. Wo sie blasentreibend tauchte, vertiefte sich das Meer. Seitlich streifte sie die Ufer: da entstanden glatte Strände. Wo sie mit den Füßen anstieß, bildeten sich Lachsfangstellen. Wo sie mit dem Kopf das Land berührte, gab es tiefe Buchten. Sie schwamm aufs offene Meer hinaus und stellte verborgene Riffe auf, daran konnten Schiffe zerschellen und Seeleute daran zugrunde gehen. Rasch schuf sie Inseln, Himmelsstützen im weiten Meer, rief Feld und Flur hervor und ritzte Furchen in die großen Felsen.

Väinämöinen aber, der urzeitalte Zaubersänger, war noch immer nicht geboren. Weitere dreißig Sommer und Winter lang lebte er ungeboren bei seiner Mutter Ilmatar, bis er seines dunkeln Daseins überdrüssig wurde. Endlich wollte er den milden Mond sehen und die glänzende Sonne anstaunen können. Deshalb sprach er: »Lös mich, Mond, und hilf mir, Sonne, hilf mir, großer Himmelswagen! Laßt mich Armen auf die Erde, damit ich euch sehen und anstaunen kann!«

Aber der Mond erlöste ihn nicht, und die Sonne half ihm nicht, und der große Himmelswagen blieb in der Schar der anderen Sterne. Da dehnte sich Väinämöinen, und er bohrte mit dem Ringfinger und den Zehen, bis Ilmatar ihn entließ. Kopfüber stürzte er ins Meer und griff mit den Fingern durchs Wasser. Nun schwamm Väinämöinen fünf, sechs Jahre lang, ja auch noch ein siebentes und ein achtes Jahr, bis er endlich im neunten Jahr das Ufer einer Landzunge erklomm und sich aufs Trockene schwang. Er stand auf und schaute den Mond, staunte auch die Sonne an und die liebe Schar der Sterne, mittendrin den großen Bären.

Das war Väinämöinens Ursprung, des Zaubersängers Herkunft: Ilmatars, die Wassermutter, hatte ihn so ausgetragen.[8]

Die Göttin Hat-hor
Ägypten

Auf der sogenannten Narmer Palette (um 2850 v. Chr.) begegnen wir der Göttin Hathor, verwandt mit der aus Indien nach Mesopotamien gelangten sumerischen Rindergöttin Ninhursag. Die vier Hörner sind die vier Himmelsrichtungen. Ihr Name bedeutet wörtlich »Horizont«. Ihr Signum ist die Kuh.

Hathor steckt mit ihren vier Beinen das Weltrechteck ab. Ihr Bauch ist der Himmel. Horus, der Sonnenknabe, symbolisiert durch einen goldenen Falken, der von Osten nach Westen fliegt, wird von ihr jeden Abend verschluckt, um am nächsten Morgen neu geboren zu werden. Auf diese Weise wird er zum Stier, der seine Mutter, die Kuh, deckt und zu seinem eigenen Vater. Er ist also der Gott, der sich selbst zeugt. In der ägyptischen Bilderschrift bezeichnet ein Bild sowohl »Haus«, »Stadt«, »Land« und »Mutter«. Somit wäre Hathor, als der Himmels-

Narmer Palette

bauch, das Haus des Horus, der Rahmen des Universums, das Land Ägypten, der königliche Palast und die Mutter des lebenden Königs. (Henri Francfort). Sie ist auch die Personifizierung des Prinzips »maat«, zu übersetzen mit »Wahrheit« oder »rechter Ordnung«.

Das Bild von der die Sonne gebärenden Frau ist offenbar noch viel älter als die Vorstellung von der Kuhgöttin. Den Mythos der ägyptischen Urmutter Neith oder Nuth skizziert eine Inschrift in Stein:

Urmutter Nuth
Ägypten

Nuth, welche die Sonne gebar
und die Keime der Götter und Menschen legte.

Sie ist Vater der Väter, Mutter der Mütter,
das Seiende nämlich,
welches von Anfang an war,

Was da ist, da sein wird, und was gewesen –
bin ich, Nuth!.
Meinen Schurz hat keiner aufgedeckt,
die Frucht, die ich gebar, war die Sonne.[9]

Schöpfungsgöttin Thalat
Babylonien

Auch in den Mythen Babylons geht die Schöpfung von einer Frau, von Thalat, aus, über die Texte aus der Bibliothek des Königs Aschurbanipal von Assyrien (668–630 v. Chr.) berichten. Sie ist das Urbild der Fruchtbarkeit, eine Vorläuferin zu Demeter. Sie ist die Ur-Ur-Ur-Urgroßmutter Marduks, mit dem sich in dieser Region endgültig der Sieg des dann Männerrecht legitimierenden Sonnengottes über die Göttin mit ihrem Kind oder Gefährten vollzieht. In der Vorstellung der Babylonier folgte also auf die weibliche Urkraft ein männlich-weibliches Schöpferpaar.

An den Schöpfungsmythen läßt sich deutlich der allmähliche Übergang vom Matriarchat zum Patriarchat ablesen. Er vollzieht sich in den Mythen in vier Schritten oder Mustern:

1. Die Welt wird von einer Göttin ohne Gefährten geschaffen.

»Die Erdgöttin tanzt hier einsam im Chaos, umwunden von der Urschlange, dem Ozean (Wasser), als dem fruchtbarmachenden Element. Anderswo ist die Urschlange der Wind, der die Göttin schwängert, worauf sie den Kosmos erschafft.« (Göttner-Abendroth)

2. Die Welt wird von einer Göttin geschaffen, die ein Gefährte befruchtet.

Da ist die sumerische Innana, die sich den Hirten Dumuzi zum Gefährten erwählt. Als er stirbt, folgt sie ihm in die Unterwelt, worauf die Welt von Unfruchtbarkeit heimgesucht wird. Die Götter senden ihr Lebenswasser und Lebensspeise, erwecken sie so wieder zum Leben. Sie läßt den Geliebten, der kein Mitleid für ihre Leiden gezeigt hat, in der Unterwelt zurück, sucht wieder ihr Volk auf und erlöst es von der Unfruchtbarkeit.

Aus Babylonien, wo es einen entsprechenden Mythos mit Ishtar und ihrem Gefährten (oder Heros) Tammuz gab, haben wir ein frühes Zeugnis dafür, wie Mythen zur Legitimation von Herrschaft benutzt wurden:

Ein Mann macht Karriere durch eine Göttin
Babylonien

»Sargon bin ich, der mächtige König, Monarch von Agade. Meine Mutter war von niederer Geburt, meinen Vater kenne ich nicht, der Bruder meines Vaters wohnt im Gebirge; meine Stadt, Azupiranu, liegt an den Ufern des Euphrat. Meine Mutter empfing mich und gebar mich im Geheimen; sie steckte das Baby in einem Schilfkorb, versiegelte diesen mit Bitumen und setzte mich so auf dem Fluß aus. Der aber verschlang mich nicht. Er trug mich. Er trug mich zu Akku, dem Mann, der sich

um die Bewässerungsanlagen kümmert. Dieser fischte mich aus dem Fluß, nahm mich als Sohn an und machte mich zum Gärtner.
Während ich Gärtner war wurde ich der Geliebte der Göttin Ishtar.
Dann wurde ich Herrscher über das Reich.«[10]

Ganz abgesehen davon, daß wir hier ein Vorbild für die Geburtsgeschichte des Moses vor uns haben, bezeugt der Satz »Während ich Gärtner war, wurde ich Geliebter der Göttin Ishtar« die Suggestivkraft des Musters zwei. Ein Gärtner kann, wenn sich die Göttin ihn zum Geliebten erwählt, zum Herrscher avancieren.
3. Die Welt wird aus dem Leib einer Göttin von einem männlichen Kriegergott geschaffen.
Das Beispiel wäre hier das »Enuma Elish«, die Mythe vom »Krieg der Götter« (Kapitel II), in der der obsiegende Kriegergott und Städtegründer Marduk aus dem Leib und den Gliedern der auch als Chaos und Untier apostrophierten Mutter-Gottheit Tiamat die Welt zusammensetzt und aus dem Blut ihres Sohnes, der gleichzeitig ihr Geliebter ist, den Menschen als Diener der Götter erschafft.
4. Die Welt wird durch die alleinige Kraft einer männlichen Schöpfungsgottheit hervorgebracht.
Das Beispiel für dieses Muster wäre die Schöpfungsgeschichte der Bibel.
Wesentlich früher als die am frühesten entstandenen Teile des Alten Testaments (siehe dazu Kapitel II) entstand das Gilgamesch-Epos. Held der Mythe, in der die biblische Sintflutgeschichte schon vorweggenommen wird, ist der König von Uruk, halb Gott halb Mensch, der nach einem Kampf Freundschaft mit einem Mann aus der Wildnis, mit Enkidu, schließt und nach dem Tod des Gefährten zu einer fruchtlos endenden Suche nach der Unsterblichkeit aufbricht. Vorbild für den Mythenhelden scheint ein 2700 v. Chr. lebender Herrscher in Mesopotamien gewesen zu sein.
Als der stadtgründende Gilgamesch, der über seinen Stadtstaat tyrannisch herrscht, auch noch den in die Stadt gelockten wilden Menschen Enkidu, der durch eine Tempelprostituierte und durch die Erfahrung der Liebe gezähmt wird, zu seinem

Freund und Gefährten gewinnt, entsteht ein für die Weltordnung unerträgliches Übergewicht männlicher Macht und männlicher Überheblichkeit. Die Einwohner von Uruk wenden sich an die uralte weibliche Gottheit Ishtar und bitten sie, die Ordnung der Welt wieder herzustellen. Ishtar macht Gilgamesch das Angebot, ihr irdischer Gefährte zu werden. Aber der weist sie ab. Er beschwört damit eine fürchterliche Katastrophe herauf, versinnbildlicht in der Mythe durch die Freilassung des Himmelsstiers.

Was diese Szene in unserem Zusammenhang so interessant macht, ist dies: Wir haben hier ein faszinierendes Zeugnis des Umbruchs von mutterrechtlicher zu vaterrechtlicher Ordnung vor uns. Geschildert wird die große weibliche Schöpfungsgottheit aus der Sicht des gegen sie rebellierenden Mannes. Schließlich bezeugt diese Szene aus dem mythischen Epos das frühe Wissen der Menschheit, daß Ordnung in der Welt nur in einer Balance zwischen den weiblichen und männlichen Kräften bestehen kann.

Ishtar und Gilgamesch
Babylonien

Gilgamesch wusch sich seine langen Haare und säuberte seine Waffen. Er strich sich sein Haar zurück, er legte die blutbefleckten Kleider ab, kleidete sich in seine königlichen Gewänder und gürtete sich. Als Gilgamesch sich dann seine Krone aufgesetzt hatte, fiel der Blick Ishtars auf ihn, und sie war geblendet von seiner Schönheit. Sie sprach: »Komm zu mir, Gilgamesch, und sei mein Bräutigam, gönne meinem Körper die Saat deines Samens, lass mich deine Braut sein, und ich will dich zum Ehemann nehmen.

Ich will für dich einen Streitwagen aus Lapislazuli und Gold, mit Rädern aus Gold und Hörnern aus Kupfer anspannen lassen. Mächtige Sturmdämonen sollst du als Zugtiere haben. Wenn du unser Haus im duftenden Zedernwald betrittst, werden die Schwelle und der Thron dir die Füsse küssen. Könige, Herrscher und Prinzen werden sich vor dir verneigen. Sie sollen dir Tribut bringen aus den Gebirgen und aus der Ebene. Deine Schafe werden immer Zwillinge werfen, deine Ziegen Drillinge, du sollst mehr Esel besitzen als Maultiere; deine Stiere sollen keine Rivalen haben. Deine Rennpferde sollen weithin berühmt sein für ihre Schnelligkeit.«

Gilgamesch tat den Mund auf und antwortete der ruhmreichen Ishtar: »Wenn ich dich heirate, was für Geschenke kann ich dir als Gegengabe geben? Welche Salben und welche Gewänder für deinen Körper? Ich will dir gern Brot und alle Arten von Nahrungsmittel schenken, die Göttern angemessen sind und Wein, wie er sich für eine Königin gehört. Ich will gern Gerste ausschütten, um deinen Kornspeicher aufzufüllen. Aber dich heiraten – das will ich nicht. Denn wie würde es mir ergehen? Deine Liebhaber treffen dich an wie ein Kupferschmied, der in der Kälte schmieden soll, wie eine Hintertür, die weder Wind noch Sturm abhält, wie eine Festung, die die Verteidiger erdrückt, wie Pech, das den Träger anschwärzt, wie ein Wasserschlauch, der den Wasserträger scheuert, wie ein Stein, der vom Bau herabstürzt, wie ein Rammbock, der sich gegen die Belagerer wendet, wie eine Sandale, die dem, der sie trägt, Blasen macht.

Welcher Schäfer hat dir für immer gefallen? Wie wäre es, wenn ich einmal die Geschichte all deiner Geliebten erzählte?

Da gab es doch diesen Tammuz, dein Geliebter in deiner Jugend. Um ihn müssen die Menschen Klagen Jahr für Jahr.

Du liebtest den vielfarbigen Vogel, dennoch hast du ihm die Flügel gebrochen. Nun sitzt er im Hain und ruft: ›Kappi, kappi, mein Flügel, mein Flügel!‹

Du hast den Löwen geliebt, der mächtig stark ist. Sieben Gruben hast du ihm gegraben und abermals sieben.

Du hast den Hengst geliebt, der so herrlich ging in der

Schlacht. Für ihn hast du Peitsche und Sporen verfügt, er wurde so geschlagen, daß er Sprünge von sieben Meilen machte. Das Wasser, das er trinken wollte, war zu seiner Qual staubig.

Du hast den Hirten der Herde geliebt. Er backte Kuchen für dich, Tag um Tag, er schlachtete Zicklein für dich wieder und wieder. Du hast ihn berührt und in einen Wolf verwandelt, jetzt jagen ihn seine eigenen Helfer fort, sein Hund greift ihn an, wenn er sich blicken läßt.

Und hast du nicht auch Ishullanu, den Gärtner aus dem Palmenwald deines Vaters verführen wollen? Er brachte dir Körbe gefüllt mit Datteln ohne Ende; jeden Tag lud er sie ab auf deinem Tisch. Dann hast du ein Auge auf ihn geworfen und gesagt: ›Liebster Ishullanu, komm her zu mir, ich möchte mich an deiner Mannheit erfreuen, komm und nimm mich, ich bin dein.‹ Und Ishullanu hat geantwortet: ›Was fragst du mich da? Was willst du von mir? Meine Mutter hat gebacken, und ich habe gegessen. Warum sollte ich zu dir kommen und Frucht essen, die verfault und verderbt ist? Denn seit wann ist ein Vorhang aus Schilf hinreichend Schutz vor Frost?‹

Als du seine Antwort gehört hattest, erschlugst du ihn. Er wurde in einen blinden Maulwurf tief unter der Erde verwandelt, in jemanden, der nie das bekommt, was er sich wünscht. Würde ich nun dein Gefährte, erginge es mir doch nicht anders als all jenen, die du vorher umgarnt hast?«

Als Ishtar das hörte, überkam sie bittere Wut, und sie fuhr hinauf in den Himmel. Sie vergoß Tränen vor ihrem Vater Anu und vor Antum, ihrer Mutter. Sie sagte:

»Mein Vater, Gilgamesch hat Beleidigungen über Beleidigungen auf mich gehäuft. Er hat von meinem verwerflichen Benehmen geredet, meinen gemeinen und verabscheuungswürdigen Handlungen.«

Anu aber sprach:

»Bist du der Vater der Götter oder wer? Streite dich nicht mit diesem Gilgamesch, der immerhin ein König ist. Was geschehen ist, geschieht dir recht. Endlich findet einmal jemand den Mut, dir all das vorzuhalten.«

Und Ishtar sprach darauf:

»Mein Vater, gib mir den Stier des Himmels. Ich will diesen Gilgamesch vernichten. Seine Arroganz verlangt nach Strafe. Aber wenn du den Stier des Himmels mir nicht gibst, dann wird er die Türen der Hölle erbrechen, deren Riegel werden aufspringen und es wird große Verwirrung sein unter dem Volk derer, die oben und jener, die unten wohnen. Ich werde die Toten heraufführen, damit sie die Nahrung der Lebenden mitessen, und die Schar der Toten ist größer als die der Lebendigen.«

Anu sprach zur großen Ishtar:

»Wenn du das tust, dann werden vier Jahre Dürre über Uruk kommen. Das Getreide wird dann keine Körner enthalten. Hast du Körner genug für die Menschen? Hast du Gras genug für das Vieh?«

Ishtar erwiderte:

»Ich habe Getreide gespart für die Menschen und Heu für das Vieh zurückgetan; für sieben Jahre Dürre ist Nahrung vorhanden.«

Als Anu vernommen hatte, was Ishtar da sprach, gab er ihr den Stier des Himmels, daß sie ihn hinabführe nach Uruk. Als der Stier vor die Tore kam, rannte er ohne Zögern zum Fluß, und ein Schnauben ging durch die Luft. Bei seinem ersten Schnauben öffnete sich die Erde und hundert junge Männer kamen zu Tode. Bei seinem zweiten Laut waren zweihundert junge Leute dahin.[11]

Es ist Enkidu der den Stier des Himmels schließlich tötet, aber damit ist auch sein Schicksal besiegelt. Er wird sterben müssen. Gilgamesch wird so vermessen sein, dem Freund ins Totenreich folgen zu wollen, ein Abenteuer, wie es nur ein Mensch und Mann planen und ausführen kann, der völlig von sich selbst überzeugt ist, der meint, alles zu können. Solche Hybris muß mit dem Scheitern bestraft werden. Gilgamesch findet das Kraut, mit dem der Mensch ewiges Leben erlangen würde.

Aber als er schläft, wird es ihm von einer Schlange fortgenommen.

In den neuen männlichen Götter- und Herorengestalten, deren Emblem die Sonne ist, und die manchmal unter dem Namen »Söhne des Sonnengottes« auftreten, werden, wie es Joseph Campbell beschreibt, Dualität, Kampf, Macht, Verlust und Gewinn als wichtigste Eigenschaften in den Vordergrund gerückt, während die vorangehende »weibliche« Schöpfungsmythologie vor allem dazu bestimmt war, im Menschen einen Zustand der Indifferenz gegenüber den Gegebenheiten der Zeit und den in allen Dingen vorhandenen, nicht dual ausgerichteten Kräften des Seins« aufzubauen. Also: dafür zu sorgen, daß sie wahrgenommen und als Kern des Seinsgeheimnisses geglaubt wurden.

Das Bewußtsein der mehr und mehr von den Männern beherrschten Welt ist dann ein völlig anderes: »Da A nicht mehr B ist, ist auch Tod nicht mehr zugleich Leben, Tugend nicht zugleich Laster, der Tötende nicht länger zugleich der Getötete.«

Tatsächlich haben hier auch zwei Aspekte der menschlichen Psyche miteinander im Kampf gelegen, nämlich das Rationale, die Fähigkeit zur Entscheidung, das Zivilisierte und die dunkleren Schichten der menschlichen Seele, das Intuitiv-Vegetative, die Lust nach Wildnis. Indem – wie wir noch sehen wer-

Der Baum des Ewigen Lebens

den – das eine mit Macht und Gewalt das andere vernichtet oder unterdrückt, entsteht Schuld und Angst bei den Männern, eine Schuld und eine Angst, die der obsiegende männliche Gott aus sich herausstellt und auf seine Geschöpfe projeziert, eine Schuld, die in jenem Teil der biblischen Schöpfungsgeschichte, der von der Vertreibung aus dem Paradies handelt, ihren suggestiven mythologischen Ausdruck gefunden hat.

Häufig sind die frühen Vorstellungen von Schöpfungsgottheiten und Schöpfungsmythen nur als Zeichen oder Bild erhalten. Aber auch Bilder erzählen eine Geschichte. So der »Ring des Nestor«, der im vorigen Jahrhundert von einem Bauern in einem der großen Bienenkorbgräber Griechenlands bei Pylos gefunden wurde. Er stammt aus der Zeit 1550–1500 v. Chr. Der bekannte englische Altertumsforscher, Sir Arthur Evans, der Ausgräber des minoischen Kreta, hat die Bilderschrift des Ringes dekodiert und interpretiert:

Die Göttin unter dem Baum des Ewigen Lebens
Griechenland

»Das Feld der Darstellung ist durch den Stamm und die sich horizontal ausstreckenden Äste eines alten, knorrigen, blattlosen Baumes in verschiedene Bereiche unterteilt. Der Baum steht mit sich ausbreitenden Wurzeln auf der Spitze einer Anhöhe oder Hügelgruppe.

Die Szenen, die seine Zweige von einander abtrennen, gehören in Wirklichkeit nicht der irdischen Sphäre, sondern der minoischen Nachwelt an. Es besteht eine ganz augenscheinliche Analogie zu Yggtrasil, der Esche von Odins Stute und dem alten skandinavischen Baum der Welt.

Oben links: in dieser ersten Abteilung dieses Baumes erkennt man die minoische Göttin, die in angeregter Unterhaltung mit ihrem Geliebten zusammensitzt, während über ihrem Kopf zwei Schmetterlinge flattern. Die symbolische Bedeutung dieser Insekten wird noch durch die Erscheinung zweier kleiner Gegenstände über ihnen betont. Sie haben Köpfe und hakenähnliche Gebilde seitwärts und lassen sich von daher als die Puppen von Schmetterlingen identifizieren. Wenn auf diese Weise zwei Lebensstadien der Schmetterlinge abgebildet werden, so verweist das auf das Weiterleben des menschlichen Geistes nach dem Tod. Die Schmetterlinge beziehen sich aber auch auf die beiden jugendlichen Gestalten in ihrer Nähe und sind damit Symbole für deren Erfüllung mit neuem Leben.

Der junge Mann mit langen minoischen Locken steht hinter der Göttin und hebt seinen rechten Arm, während das junge Mädchen in kurzem Rock, das ihm gegenüber steht und dem Baumstamm ihren Rücken zuwendet, ihr Erstaunen über das Zusammentreffen damit zum Ausdruck bringt, daß es mit beiden Armen gestikuliert.

Wir sehen hier, wieder vereinigt durch die lebensspendende Macht der Göttin, symbolisiert durch die Schmetterlinge, ein junges Paar, das durch den Tod getrennt worden ist.

Dieses Treffen kann im Zusammenhang mit der Initationsszene, die darunter abgebildet wird, als eine von nun an ewig während Wiedervereinigung eines verheirateten Paares im Land der Seligen aufgefaßt werden.

Oben rechts: in dem angrenzenden Bildfeld rechts vom Stamm sitzt der heilige Löwe der Göttin in einer Haltung von wachsamer Entspanntheit auf einer Art Bank, umgeben von zwei mädchenhaften Gestalten (allerdings in Männerkleidung), in denen wir die Verkörperung der häufig zusammen mit ihr abgebildeten beiden Dienerinnen der Göttin erkennen. Der Löwe der Göttin bewacht das unter ihm dargestellte Reich. Der religiöse Charakter der Szene wird noch unterstrichen durch eine Ranke des ›heiligen Efeu‹, die am Baumstamm wächst (diese Pflanze, deren Sprossen aus dem Baum der Welt hervorwachsen, spendet Schatten für den Wächter in Löwengestalt.)

Unten links und rechts: in den unteren Bildabschnitten auf beiden Seiten des Stammes, unter den sich ausbreitenden Zweigen, entfaltet sich eine fortlaufende Szene, die insgesamt die Prüfung jener Menschen darstellt, die die Halle der Gerechten im Gericht der Greifen betreten. Im linken Bildteil erscheint das junge Paar wieder, das tanzend auftritt und von einer Greifenfrau angelockt wird, während rechts vom Stamm, eine andere Frau einen Jungen als bösen Eindringling abweist. Zwei weitere Greifendamen, gekleidet in den kurzen Röcken dieser Zeit um 1550 v. Chr., die Hände in Anbetung gehoben, geleiten die Prozession zu jener Gestalt hin, die dem Gerichtshof vorsitzt. Dies ist ein geflügelter Greif mit dem Federschmuck eines Pfauen, der auf einem hohen Stuhl oder Thron sitzt, hinter sich eine weibliche Person, in der wir wiederum die Göttin erkennen.

Eine hervorstechende Eigenschaft des Greifen, sein Adlerkopf verweist auf seine Herkunft aus Kreta, sind seine durchdringenden Augen, die ihn hier als obersten Richter ausweisen. Darunter, auf dem Hügel am Fuße des Baumes zwischen sproßenden Gräsern und Kräutern sitzt ein hundeähnliches Ungeheuer, ein Vorläufer des Zerberus, das aber auch mit dem fürchterlichen Drachen Nidhoger am Fuße des Baumes Yggdrasil eine gewisse Ähnlichkeit hat.«[12]

Wenn auf diesem Bild eine »Anderswelt« dargestellt wird, eine Insel der Seligen, auf die Sterbliche nach ihrem Tode gelangen, so bezeichnet der Baum die allumfassende Schöpfungskraft der Göttin, ihre Fähigkeit zwischen Leben und Tod zu vermitteln. Die Ähnlichkeit dieser griechisch-minoischen Vorstellung mit der der Chaldäer vom Persischen Golf, wie wir ihr in dem »Gesang der Eridu« begegnet sind, ist frappierend. Da die Göttin über Leben *und* Tod gebietet, über Tag *und* Nacht, über Diesseits *und* Jenseits, entwickelt sich im Laufe der Zeit aus den Vorstellungen der Zeit des von ihr beherrschten Totenreiches, die Vorstellung von einer paradiesischen Anderswelt, wie sie später für die keltische Mythologie so wichtig wird*.

Die Vorstellung von einer weiblichen Schöpfungsgottheit, der Herrin über alles Leben, die Tiere, die Pflanzen, den Menschen, hat sich im Mittelmeerraum aus der Frühzeit her relativ lange erhalten.

Sie hat sich von dort nach Nord- und Nordwesteuropa ausgebreitet. (Wahrscheinlich durch die Erbauer der Megalithgräber, die ja Tempel dieser Gottheit darstellen.)

Die Bezeichnung »Kinder der Göttin Danu« (Tuatha De Danann), wie sie in dem *Buch der Invasionen*, einem der frühen irischen Mythenzyklen, auftaucht, könnte mit dieser Gottheit und dem Volk der Pelasker zusammenhängen, die um die Mitte des 2. Jahrtausends v. Chr. aus Argos in Griechenland vertrieben wurden. Sie sind beispielsweise in Ägypten als »Volk des Meeres« bekannt geworden, dann zunächst bis Dänemark gelangt und von dort auf die Britischen Inseln eingewandert.

Solche, natürlich gewagten Konstruktionen, die sich nur auf archäologische Funde und Spuren in offenbar lange mündlich weitergereichten Mythen und Märchen stützen, gewinnen dadurch mehr Überzeugungskraft, daß es in ihnen Beschreibungen vom »Land des Ewigen Lebens«, dem »Land der Jugend«, der »Strahlenden Ebene« gibt, die den Bildern auf Ringen oder Siegeln bis in Details hinein gleichen**.

Freilich ist das Bild vom Paradies ein indo-europäisches Muster. (Elysium im Griechischen, Jörd Lifanda Manna in Norwegen, der Ort des Mondbaumes im Persischen Golf.)

Interessant ist in diesem Zusammenhang der aus der frühen irischen Literatur stammende Text »Die Reise des Bran«***, in der Bran in ein Land der Frauen gelockt wird und unterwegs dem Sonnengott begegnet, der in einem Streitwagen aus Silber und Bronze über das Meer hinfährt.

Bran wird von der Großen Frau auf eine Insel gelockt, wird ihr Geliebter, sehnt sich aber dann nach Irland zurück. Bei seiner

---

* Siehe dazu Frederik Hetmann, *Die Reise in die Anderswelt*, Fischer Taschenbuch Verlag, Frankfurt am Main 1984, Band-Nr. 2857, S. 68.
** Siehe dazu Frederik Hetmann, *Die Reise in die Anderswelt*, Fischer Taschenbuch Verlag, Frankfurt am Main 1984, Band-Nr. 2857, S. 37
*** – *Irischer Zaubergarten*, Fischer Taschenbuch Verlag, Frankfurt am Main 1983, Band-Nr. 2854, S. 48

Rückkehr, kennt ihn niemand mehr. Seine Gefährten, die mit den Füssen Boden berühren, zerfallen zu Staub. Er läßt sich an Land tragen und kehrt später auf die Insel der Großen Frau zurück.

Mit dem mythologischen Bericht, daß die »Kinder der Göttin Danu« Behausung in den heute wieder ausgegrabenen Hügeltempeln genommen hätten, korrespondiert die Erkenntnis der Archäologen und deren Interpretationen über Sinn und Zweck der Megalithgräber. Sie dienten zur Beisetzung von prominenten Toten und zur Verehrung der Großen Erdmutter, der Herrin über Leben und Tod, in deren Schoß jeder zurückkehrte, um aus ihm neu geboren zu werden.

Im Kulturkreis der Kelten ist aus der einen großen weiblichen Gottheit, die für Schöpfung, Tod und Wiedergeburt stand, eine Triade geworden – meist die jungfräuliche, die mütterliche und die alte Frau, die auch den Vegetationszyklus des Jahres verkörpert.

Diese große weibliche Schöpfungsgottheit mußte aber zur entgültigen Durchsetzung des Patriarchats denunziert und verketzert werden. Das war umso leichter möglich, als diese Göttin als Bewahrerin der Geheimnisse von Geburt und Tod für die Männer immer auch unheimliche und grausame Züge hatte. Wie mythologisch eine solche »Verketzerung« geschieht, zeigt recht deutlich die aus jüdischer Überlieferung stammende Mythe von Lilith, der ersten Frau Adams:

Lilith
Jüdische Mythe

Als Jahwe Adam schuf, schuf er zugleich auch eine Frau, Lilith, die er wie ihn aus Erde formte.

Anschließend gab er sie dem Adam zur Gemahlin. Aber Lilith war mit diesem Mann nicht zufrieden. Sie hatte sich mehr von diesem Adam erwartet. Sie brach mit ihm, brachte den unaussprechlichen Namen Jahwes über die Lippen, erhob sich in die Lüfte und flog davon. Da forderte Adam von Jahwe sein Weib zurück, und so schickte dieser die drei Engel Senoi, Sansenoi und Samangloph aus, um Lilith zu verfolgen; diese holten sie ein und ergriffen sie am Ufer des Roten Meeres an der Stelle, wo später das Heer der Ägypter nach dem Willen des Moses in den Fluten untergehen sollte. Lilith weigerte sich, wieder ihren Platz an Adams Seite einzunehmen. Da ließen die drei Engel sie auf Jahwes Befehl wissen, daß sie jeden Tag hundert ihrer eigenen Kinder verlieren würde, falls sie nicht zurückkehre. Lilith ging dieses Risiko ein. Da wollten die drei Engel sie im Roten Meer ertränken, aber Lilith verteidigte ihren Standpunkt und so wurde ihr das Leben geschenkt, jedoch unter der Bedingung, daß sie dort, wo sie seinen Namen geschrieben findet, niemals einem neugeborenen Kind irgendein Leid zufügen dürfe.

Schließlich gab Jahwe sie dem Sammael (Satan), und so wurde sie die erste der vier Frauen des Teufels und zugleich die bedrohliche Verfolgerin der Neugeborenen.[13]

Diese eigenartige Mythe, die zunächst nur als Belegstück weiblicher Widerspenstigkeit und Rebellion gegen die Götter des Vaterrechts erscheint, enthüllt darüber hinaus aber auch noch weitere, höchst interessante Zusammenhänge in bezug auf die Verketzerung des magischen-intuitiven Wissens der Frau.

»Lilith« steht mit dem assyrischen Wort »Lilitu« in Zusammenhang. Es bedeutet die »Nächtliche«. Über die »noctua«, die nächtliche Athene, deren tierische Personifizierung der Wald- und Steinkauz ist, werden daraus in der Kultur der Römer die »lamiae«, nächtliche Hexen, die angeblich Kinder entführen und fressen. Als Hexen angeklagt und von der kriegslüsternen Männerwelt verbrannt, werden schließlich in christlicher Zeit jene »Weisen Frauen«, die etwas von Geburtenverhütung wissen.*

---

* Siehe dazu Gunnar Heinsohn und Otto Steiger, *Die Vernichtung der weisen Frauen*, März Verlag, Berlin 1985

In der Mythologie von Wales wird nur scheinbar zufällig Blodeuwedd, die aus Blüten gezauberte, aber ihrem Mann untreu gewordene und seinen Tod verschuldende Frau in eine Eule verwandelt.

Ganz gewiß sind Mythen wie die von Lilith und Blodeuwedd Angstphantasien einer von Männern beherrschten Gesellschaft, die – aus welchen Gründen auch immer – die »Göttin der Morgenröte«, die uralte, allmächtige weibliche Schöpfungsgottheit endgültig verbannt sehen möchte, aber dennoch immer wieder deren Macht zu spüren bekommt.

Am inspiriertesten und deutlichsten tritt das Bild der weiblichen Schöpfungsgottheit uns in einem der ersten, mit mythischen Stoffen durchsetzten Romane der abendländischen Literatur entgegen, in »Der Goldene Esel«. Verfasser ist der um 125 nach Chr. in Madaura in Algerien geborene Sohn eines hohen römischen Beamten, Apuleius.

Der Unheld der Geschichte, Lucius, reist nach Thessalien, in einen Landstrich, aus dem die Familie seiner Mutter stammt, der aber auch wegen seiner großen Zauberinnen berüchtigt ist. Im Laufe der weiteren Handlung wird Lucius in einen Esel verwandelt. Er erlebt in dieser Gestalt mannigfache, teilweise auch erniedrigende Abenteuer. Er soll sich schließlich öffentlich in einem Zirkus mit einer Giftmörderin sexuell vereinigen.

Noch in Eselsgestalt, empört er sich über diese Perversion und flieht zum Strand einer Hafenstadt, zu einem »verschwiegenen Platz an der Meeresküste«. Dort hat er dann im Schlaf eine Vision, und es kommt zu einem Zwiegespräch mit der Schöpferin aller Wesen und unbelebten Dinge, der weiblichen Schöpfungsgottheit.

Apulcius
Die natürliche Mutter aller Dinge, die erste Erzeugerin der Welt
Nordafrika / Rom

»Um die Zeit der ersten Nachtwache als ich noch nicht sehr tief schlief, wurde ich plötzlich von einem Gefühl des Schreckens geweckt. Ich sah den Mond so hell erstrahlen, wie dies gewöhnlich bei Vollmond der Fall ist und als ob die Göttin, die über dieses Gestirn gebietet mit ihm eben dem Meer entsprungen sei. Da fiel mir ein, daß dies ein besonders geheimnisvoller Zeitpunkt war, nämlich jener, an dem diese Göttin ihre größte Macht und Stärke besitzt. Ich wurde mir bewußt, daß alle Menschen ihrem Einfluß unterstehen, und daß nicht nur alle Tiere, ob es sich jetzt nun um zahme Haustiere handelt, oder um solche, die wild umher streifen, von der Strahlkraft des Lichtes und der Macht ihrer Göttlichkeit beeinflußt werden, sondern darüber hinaus auch die Gegenstände der Schöpfung, die nicht beseelt und ohne Leben sind.

Ich machte mir klar, daß alle Gestirne am Himmel, Körper und Dinge auf Erden und im Meer durch ihre zunehmenden Bewegungen gestärkt und durch ihre abnehmenden Bewegungen geschwächt werden.

Wie sehr auch mein grausames Schicksal und mein Elend, das sich daraus ergab, auf mir lasteten: jetzt schöpfte ich Hoffnung, durch Anrufung und Gebet zu der einzigartig schönen und machtvollen Göttin geheilt, und gerettet zu werden. Ich schüttelte meine Schlaftrunkenheit ab, erhob mich freudig und erregt von großer Zuneigung. Ich säuberte mich, indem ich meinen Kopf sieben Mal in Meerwasser tauchte, weil nämlich die Zahl Sieben heiligen und göttlichen Dingen angemessen ist, wie uns dies der ehrenwerte weise Philosoph Pythagoras gelehrt hat. Dann sprach ich, nun wach und freudig, wenngleich mir noch immer zum Weinen zu Mute war, die folgende Rede zu der allmächtigen Göttin:

›O gesegnete Göttin des Himmels. Seist du nun die Frau Ceres, ursprünglich mütterliche Quelle aller Fruchtbarkeit auf Erden, die du, nachdem du deine Tochter Proserpina gefunden hast, den Menschen in deiner Freude jene Nahrung, die sie seit alters gegessen, wegnahmst und ihnen die Einöde um Eleusis bereitet hast, damit sie dort das Land pflügen und bekömmlichere Frucht aussäen; oder seiest du die himmlische Venus, die seit Beginn der Welt Männer und Frauen zum Zeugen der Liebe zusammenführt und so dafür sorgt, daß die Menschheit nicht ausstirbt, jene, die jetzt in den Tempeln auf der Insel Paphos verehrt wird; seist du die Schwester des Gottes Phoebus, die du die Mühen der Arbeit durch deine Arzneien erleichterst, und die du jetzt im Heiligtum von Ephesus angebetet wirst; seist du die schreckliche Proserpina, sogenannt nach dem fürchterlichen Geheul, das du ausstößt, in deren Macht es steht, den Ansturm von Hexen und Nachtgeistern, die manchmal den Menschen erscheinen, abzuwehren, und sie wieder in die Tiefe der Erde zu verbannen; du, die du umherwanderst in Wäldern und Hainen, die man unter so verschiedenartigen Namen anbetet, die alle Städte der Erde mit ihrem Licht erhellt; du, die du wachsen läßt alle Saaten der Welt durch deine feuchte Hitze, die du dein sich wandelndes Licht der Sonne auf ihrer Bahn abgibst – mit welchem Namen, in welcher Form und Gestalt man auch immer dich verehrt:

Ich bitte dich, mach meinen Klagen ein Ende, erlöse mich aus meinem Mißgeschick, schenke mir, so es dir gefällt Ruhe und Frieden. Durch so viele Mühsalen bin ich gegangen!‹

Nachdem ich so gesprochen und der Göttin all meinen Kummer gestanden hatte, legte ich mich auf mein Bett und schlief gleich wieder ein. Allmählich, jedenfalls schien es mir so, stieg ihre Gestalt in strahlender Helligkeit aus dem Meer auf und stellte sich vor mich hin. Da ich sie so gesehen habe, kann ich es wagen, ihre göttliche Erscheinung zu beschreiben, die ja selbst unter den Göttern Aufsehen erregt. Dabei bin ich mir wohl bewußt, wie armselig die menschliche Sprache und wie unangemessen sie dieser Schönheit ist. Ich kann nur darauf hoffen, daß die Göttin selbst mir die passenden Worte in den Sinn legt.

Vor allem besaß sie eine Flut Haar, die in Wellen um ihren göttlichen Nacken spielte. Auf dem Kopf trug sie eine Girlande aus Blumen geflochten. Mitten auf der Stirn saß ein flaches Diadem wie ein Spiegel oder genauer, nach dem Licht, das es ausstrahlte zu urteilen, dem Mond zu vergleichen. Rechts und links wurde es eingefaßt von zwei Schlangen, die sich aus Furchen in der Erde erhoben, und über all dem neigten sich Kornähren.

Ihr Kleid war aus feinstem Leinen. Es leuchtete in verschiedenen Farben. Hier weiß und strahlend, dort gelb wie Krokusblüten, an anderer Stelle hellflammend wie Rosen. Ihr Mantel, der meine Augen und meine traurige Seele verwirrte, war dunkel und finster. Seine Schwärze glänzte. Er wand sich gerafft von ihrem linken Arm zu ihrer rechten Schulter, daß es aussah als trage sie dort einen Schild. Der andere Teil fiel gefältelt auf den Saum ihres Kleides, was sehr anmutig aussah. An manchen Stellen funkelten am Saum und über den ganzen Umhang hin verstreut Sterne, und mitten unter ihnen sah man den Mond in halber Fülle, und er leuchtete wie eine Flamme. Um die ganze Länge des Saumes von diesem göttlichen Gewand war eine Girlande aus Blumen und allen Früchten des Feldes geflochten.

Ganz verschiedenartige Dinge trug sie bei sich. In der rechten Hand ein Zimbel aus Messing, ein flaches Stück Metall, wie eine Brünne gestaltet, in dessen Rand sich eherne Ruten befanden. Wenn sie mit dem Arm dieses dreifache Gewinde bewegte, ertönte ein heller klarer Klang. In der Linken hatte sie einen goldenen Becher, der aussah wie ein Boot. Am oberen Teil des Gefäßes, der am besten sichtbar war, an dessen Henkel, züngelte eine Natter.

Ihre mit Duftstoffen gesalbten Füße steckten in Schuhen, die mit Siegespalmen bestickt waren. So stand die göttliche Erscheinung, umweht von den besten Wohlgerüchen Arabiens, vor mir und sprach mich mit den folgenden Worten an:

»Hab acht, Lucius, ich bin gekommen. Dein Wehklagen und Bitten haben mich gerührt. Ich werde ich erretten. Ich bin es, die natürliche Mutter aller Dinge, die Herrin und Gebieterin aller Elemente, die erste Erzeugerin der Welt, Haupt aller göttlichen Wesen, Königin auch jener, die in der Hölle wohnen, Gebieterin derer im Himmel. Einzig gültige Gestalt aller Göttinnen und Götter.
Wie ich es will, so ziehen die Planeten am Himmel, die günstigen Winde über dem Meer. Ich vermag die trostlose Stille der Unterwelt zu beleben; mein Name, meine Göttlichkeit wird in allen Landen verehrt, wenngleich in unterschiedlicher Gestalt und unter verschiedenen Namen.
Die Phrygier, die ersten unter den Menschen, nennen mich die Mutter der Götter zu Pessinus; die Athener, aus ihrer eigenen Erde geboren, gaben mir den Namen keropische Athene, die Zyprioten, vom Meer umgeben, reden mich an als die paphinische Aphrodite. Bei den Kretern, die Pfeile tragen, heiße ich diktynische Artemis; die Sizilianer, welche drei Sprachen sprechen, kennen mich als die höllische Proserpina; für die Eleuser bin ich die alte Göttin Ceres. Diese nennen mich Juno oder Bellona, andere Hekate oder Rhamnusia; vor allem aber verehren mich die beiden Arten der Äthiopier, die im Osten wohnen und von den Morgenstrahlen der Sonne erleuchtet sind wie auch die Ägypter, welche sich in den alten Lehren vortrefflich auskennen und mich schon seit langem anbeten, unter meinen gültigen Namen, Königin Isis.
Nimm wahr und erinnere dich daran: ich bin gekommen, ich bin hier, um dich zu trösten und dir beizustehen, laß ab von deinem Flennen und Wehklagen, vergiß deine Sorgen, es kommen heilvolle Tage, die gesegnet sind durch meinen göttlichen Willen.«[14]

Daß der Glaube an die Macht der »Göttin der Morgenröte« selbst in christlicher Zeit nie ganz erloschen ist, belegt unter anderem der nachstehende Text aus einem englischen Herbarium des 12. Jahrhunderts, zu dem Robert von Ranke-Graves bemerkt:

»Wie aber der Gott der Medizin im heidnischen England des zwölften Jahrhunderts hieß, ist schwer festzustellen. Eindeutig aber stand er zu der in den Gebeten genannten Göttin in der gleichen Beziehung wie einst Asklepios zu Athene, Thoth zu Isis, Esmun zu Ishtar, Diancecht zu Brigit, Odin zu Freya und Bran zu Danu.«

Erde, Göttliche Königin
England, Nordwesteuropa

»Erde, göttliche Königin, Mutter Natur, die du alle Dinge geschaffen und immer aufs neue die Sonne aufgehen läßt, die du den Völkern geschenkt hast; Hüterin des Himmels und des Meeres und aller Götter und Mächte; durch deinen Einfluß wird alle Natur stumm und sinkt in Schlaf. Und wiederum schickst du, wenn es dir gefällt, das glückliche Licht des Tages und nährst das Leben mit deiner ewigen Gewähr; und wenn der Geist des Menschen hinscheidet, kehrt er zu dir zurück. Mit Recht bist du die Mutter der Götter genannt; Sieg ist dein göttlicher Name. Du bist die Quelle der Kraft von Völkern und Göttern; ohne dich wird nichts geboren und nicht vollkommen; du bist mächtig, Königin der Götter. Göttin, ich verehre dich als göttliche Königin, deinen Namen rufe ich an; geruhe, mir zu gewähren, um was ich dich bitte, auf daß ich dir, Gottheit, meinen Dank erstatte, im Glauben, der dir gebührt. Auch an dich nun richte ich meine Fürbitte, an all deine Mächte und Heilkräuter und deine Majestät: zu dir flehe ich, die dich die umfassende Mutter Erde geboren und allen Völkern als heilende Arznei geschenkt und dich königlich ausgezeichnet hat, gib du jetzt größte Wohltat uns Menschen. Dies erbitte und erflehe ich:

Sei bei uns mit all deinen Vorzügen, denn sie, die dich erzeugt, hat es so eingerichtet, daß ich dich anrufen darf, unter Berufung auf den Gott, dem die ärztliche Kunst verliehen war; darum gewähre, um Gesundheit willen, gute Arznei, vermöge dieser deiner besagten Kräfte.«[15]

II.
Der männliche Schöpfungsgott

Vorbemerkung: Der strenge Herr

»Die Frau ist das von Anfang an Gegebene, der Mann das Gewordene – sie ist die Ursache, er die Wirkung.«

Johann Bachofen

Die Geschichte der Voraussetzungen für die Ablösung der weiblichen durch eine männliche Schöpfungsgottheit kann hier nur angedeutet werden. Entscheidend ist der Ansturm halbnomadischer Hirtenstämme auf die im Nahen Osten schon bestehenden, vom Ackerbau lebenden Dörfer und Städte. Starke Männer müssen sich legitimieren. Der Staat muß von einer religiösen Hierarchie in eine dynastische Einrichtung umgewandelt werden. Wie sich dieser Prozeß im Fall der Israeliten abgespielt haben könnte – Moses war einer dieser starken Männer, die sich legitimieren mußten – hat Richard Fester so zu rekonstruieren versucht:

»Moses hatte sich damals die Aufgabe gestellt, die Israeliten aus der ägyptischen Gefangenschaft zu führen, und das im Zeichen Jahwes. Die ägyptischen Unterdrücker lebten zu Moses' Zeiten unter gynaikokratischer Ordnung (der eines weiblichen Herrschertums). Ein Grund mehr für Moses, Weiber zu hassen. In den Hochkulturen ringsum waren Religionen entwickelt worden, die auf die Menschen in und zwischen diesen Reichen einen großen Zauber ausübten, nicht nur, weil sie allen verständlich und einleuchtend waren, sondern vor allem auch, weil sie die Menschen von der Furcht vor dem Tod befreiten. Die Israeliten waren damals noch Nomaden und als solche in Gefangenschaft geraten. Sie waren noch nicht fähig, die Segnungen eines geordneten Staatswesens für sich zu gewinnen. Die gewaltsame Befreiung aus gynaikrokratischer Unterdrückung erschien daher dem Volksführer Moses zu Recht oder zu Unrecht, als der einzige Weg zur Befreiung. Da auch innerhalb des eigenen Volkes der Widerstand Jahrhunderte überdauerte, mußte das Umformen der Schöpfungsgeschichte um so radikaler geschehen, die eigenen Frauen in eine mindere Rolle gezwungen werden.«[1] Unterirdisch lebte der Glaube an die Macht der (älteren) weiblichen Schöpfungsgottheit noch lange weiter. Dafür finden sich in der Bibel zahlreiche Hinweise. Beispielsweise bei Jeremia.

»Die Veränderung vorhandener Mythen«, fährt Richard Fester fort, »war zu der Zeit, als die Mär vom Sündenfall entstand, eine längst bekannte Praxis. An die Stelle der gütigen Göttin mußte Eva, das Weib, als Unheilbringerin treten. Doch noch 600 Jahre nach Moses klagt Hesekiel darüber, daß er im Tempel des Herrn Weiber getroffen habe, die über den Thammus weinten… Das Volk glaubte offenbar ungebrochen an Thammus und seine Mutter, die Himmelskönigin. Obwohl die Frau am Ende zum bloßen Objekt von Lust und gebotener Fortpflanzung entwertet war, blieb Angst zurück – alle Dämonen waren damals weiblich, und Gestalten wie die männeraussaugende Lilith wurden gar mit Eva zusammengesehen.«[2]

Die Schöpfung
Uitoto, Colombien

Etwas Phantastisches und nichts anderes existierte am Anfang; der Vater berührte eine Illusion, er ergriff etwas Geheimnisvolles. Durch die Macht unseres Vaters Naimuena, er der das Phantastische ist, oder es sich vorstellen kann, blieb dieses Bildnis in seinem Körper, und er dachte tief und lange darüber nach.

Nichts gab es, nicht einmal einen Stock, um die Vision zu stützen: unser Vater heftete die Illusion an den Faden eines Traumes und hielt sie fest mit Hilfe seines Atems. Er horchte, um den Grund der Erscheinung zu erkennen, aber da war nichts. Da erforschte der Vater abermals den Boden des Geheimnisvollen. Er band die leere Illusion an den Traumfaden und preßte eine magische Substanz darauf. So, mit Hilfe des Traumes, hielt er es wie einen Fetzen Baumwolle. Dann ergriff er den Grund des Bildes, trampelte wiederholt darauf herum und setzte sich endlich auf seine erträumte Erde nieder. Das Erden-Hirngespinst war nun sein, er spie Speichel wiederholt darauf, damit Wälder wuchsen. Dann streckte er sich auf seiner Erde aus und spannte darüber das Dach des Himmels. Da ihm die Erde gehörte überdeckte er sie mit blauem und weißem Himmel.

Daraufhin dachte Rafuema, der Mann der die Geschichten kennt und unter dem Himmel saß, lange nach, und er erschuf diese Geschichte, damit wir ihr auf Erden zuhören können.[3]

Der Schöpfungsmythos der Sumerer
Babylonien

»An war der Erstgeborene des Urmeeres. Er war der obere Himmel, das Firmament, aber nicht die Luft, die über die Erde hinstreicht. Wie Uranus im griechischen Mythos vereinigte er sich mit der Erde (bei der Sumerern Ki) und zeugte Elil, den Gott der Luft. Zu dieser Zeit war noch Dunkelheit und Elil, die Luft, war eingesperrt zwischen der dunklen Decke des Himmels, einem Nachthimmel ohne Sternen, und der Oberfläche der Erde. So zeugte Elil den Mond Nanna (semitisch »Sünde«), der in einem Boot dem Lapislazuli-Himmel Licht bringt. Nanna wiederum zeugte Utu und Inanna (semistisch Ishtar), die Göttin der Liebe.«[4]

Diese Rekonstruktion der sumerischen Theogonie, wie sie Prof. S. N. Kramer versucht hat, ist noch umstritten. Sie ist abgeleitet, aus einem Abschnitt des Gilgamesch-Epos, kommt also aus einer Zeit, in der der Übergang zu einer männerrechtlichen Ordnung bereits vollzogen war. Beachtet werden sollte, daß der Name des »Mondes«, des Gestirns der alten weiblichen Schöpfungsgottheit, hier schon mit »Sünde« gleichgesetzt wird.

Der Gott Ea und seine Geschöpfe
Babylonien

Der Gott Enki oder Ea lebte in der Tempelstadt Eridu. Enki heißt »Herr der Erdgöttin«. Sein heiliges Tier war vorn eine Ziege und hinten ein Fisch. Er residierte mit seiner Gemahlin, der Göttin Ninhursag, auf der Insel Dilmun, dem Land des Lebens. In Dilmun krächzte kein Rabe, noch stieß ein Raubvogel seine schrillen Schreie aus. Der Löwe tötete nicht, der Wolf riß nicht das Lamm. Kein wilder Hund verschlang kleine Kinder. Die Tauben ließen dort nicht die Köpfe hängen. Es gab keine Augenkranken und niemanden der Kopfschmerzen hatte. Es gab keine alten Frauen und keine alten Männer.

Enki war der Sohn der Göttin Nammu, des Meeres, aus dem alle Dinge vergingen. Sie war die letzte Mutter, die Himmel und Erde gebar.

Beide gehörten zusammen. Sie waren ein einziges kosmisches Gebirge, das über dem wässrigen Abgrund aufragte. Sein Fuß war die Erde (Ki), sein Gipfel trug den Himmel (An).

An zeugte den Luftgott Elil, der dann Himmel und Erde auseinanderriß. Viele Götter wurden geboren in dieser himmlischen Stadt, und sie lebten wie später die Menschen auf Erden und pflanzten Getreide auf ihren Feldern.

Einmal aber kam eine Zeit, da blieben die Ernten aus, weil sich niemand um die Felder gekümmert hatte, und Nammu, die alte Wassermutter, sah sich um nach Enki, den Klügsten unter allen und entdeckte ihn schlafend auf einem Ruhebett. Sie weckte ihn auf. Sie erzählte ihm von den Sorgen der Götter und rief aus:

»Mein Sohn, erhebe dich von deinem Lager und vollbringe eine Arbeit, zu der es große Weisheit braucht. Schaffe den Göttern Diener, damit sie diesen die Arbeit abnehmen.«

Und der weise Enki erhob sich und sprach:
»Mutter, das soll geschehen.«
»Reiche nach oben, und gib mir eine Handvoll Lehm aus dem Boden der Erde, gerade von der Oberfläche des wässrigen Abgrundes und forme aus ihm ein Herz. Ich will gute und königliche Handwerker machen, die dem Lehm die rechte Festigkeiten geben werden. Und dann bilde die Arme und Beine. Über dir, die Erdmutter, meine göttliche Gefährtin, wird gebären, und acht Göttinnen der Geburt werden ihr beistehen. Du sollst über das Schicksal des Neugeborenen bestimmen. Die Erdmutter aber wird ihm das Gesicht der Götter verleihen. Und was so entsteht, das soll der Mensch sein.«

So geschah es auch. Die Erdgöttin, die Gefährtin von Enki, stand über der Göttin des wässrigen Abgrundes bereit. Der Lehm wurde geholt, und die Göttin preßte ihn aus ihrem Schoß wie später die Menschenfrauen die Kinder herauspreßten. Gute und königliche Handwerker gaben dem Lehm die rechte Festigkeit, und Nammu formte erst das Herz, dann den Körper und schließlich die Glieder.

Darauf gab Enki ein Fest für seine Gefährtin und seine Mutter, zu dem er die Götter einlud, denn es schien ihm, er habe ein großartiges Wunder verbracht und die anderen Götter sahen es auch so. Sie freuten sich, daß sie nun nicht mehr selbst auf die Äcker mußten und trotzdem durch Opfergaben der Menschen immer mit Nahrung wohl versorgt sein würden. Jede Gottheit sicherte sich ein großes Gut, mit einem Aufseher, der für die Pächter das war, was Elil unter den Göttern darstellte. Und dieser Aufseher sollte in einem Gebäude wohnen, das dem Weltgebirge des Elil nachgebildet war. Seine Frau sollte das Gegenstück sein zur lieblichen Göttin Ninlil, dem Planeten Venus am Himmel. Alles auf Erden sollte so sein wie es im Himmel schon war. Es sollte einen Türsteher geben, einen Vorsteher des Palasttempels, gerade so wie im Palast der Götter, einen Kanzler, Leibdiener,

Kutscher, Trommler, Musiker, sieben Dienerinnen, Waffenschmiede und Palastwachen.

Es war ein schönes Fest und bald waren Enki wie auch seine Gefährtin völlig betrunken. Da wurden sie hochfahrend, und die Göttin rief dem Gott zu:

»Wie gut oder wie schlecht kann ein menschlicher Körper sein? Wie es mir gerade in den Sinn kommt, will ich die Körper von Menschen wohlgestalten oder mißbilden.«

Und prahlend erwiderte Enki:

»Was für ein Körper auch immer aus deiner Hand kommt, ich werde einen Platz für ihn finden auf Erden.«

Da nahm sie etwas Lehm und machte daraus Geschöpfe, die alle mißgestaltet waren: eine Frau, die unfähig war, Kinder zu gebären, ein Wesen, das weder männlich noch weiblich war. Für ein jedes aber wußte Enki einen Platz auf Erden. Die Frau, die keine Kinder gebären konnte, ließ er in seinen Harem bringen, das Wesen, das weder Mann noch Frau war, hieß er immer in der Nähe seines Thrones stehen. Vier weitere Mißgeburten, die unbeschreiblich sind, wurden erschaffen. Und für jede wußte Enki einen Platz. Er forderte nun seine Gefährtin heraus mit ihm die Rollen zu tauschen. Er würde Wesen formen, und sie sollte den Platz nennen, an den sie gestellt werden konnte.

Zuerst schuf er ein Wesen, das hieß »Mein Geburtstag ist fern«; es hatte ständig Herz- und Leberschmerzen, kranke Augen, zitternde Hände und sein Verstand war verwirrt. Vor dieses Wesen trat die Göttin hin und redete es an, aber es konnte keine Antwort geben. Sie bot ihm Brot an. Es konnte nicht danach greifen. Es konnte weder sitzen, noch stehen, noch vermochte es seine Knie zu beugen. So war sie auch nicht in der Lage, ihm einen Platz im Himmel oder auf Erden anzuweisen. Enki schuf weitere Mißgeburten, für die die Göttin keinen Platz fand. So kamen durch Enkis Bosheit Krankheit, Wahnsinn und Verkrüppelung in die Welt. All diese Wesen stürmen durch den königlichen Palast, durch die Gassen der Stadt, plünderten, töteten und verwüsteten.

Am Ende verdammte die Erdmutter ihren Sohn. Sie rief aus:

»Selbst aus der Stadt im Gebirge der Götter haben mich deine Mißgeburten vertrieben. Auch du hast versucht, Hand an mich zu legen. Deshalb sollst du von nun an weder im Himmel noch auf Erden wohnen.«

In den wässrigen Abgrund verbannte die Erdmutter Enki.

Er fügte sich in sein Geschick, zuckte die Schulter und sprach: »Was hilft es?«[5]

(Die Folge der Tontafeln, auf denen uns diese Schöpfungsgeschichte, die mit einem Skandal endet, überliefert ist, bricht an dieser Stelle ab.)

»Nachdem An, Elil, Enki und Ninhursag
die schwarzköpfigen Menschen geschaffen hatten,
sprossen Pflanzen auf aus der Erde,
Tiere, Vierbeiner der Ebene, wurden kunstvoll geformt... «[6]

heißt es auf anderen Tafeln.

Tiamats Untergang
oder die Geburt des Menschengeschlechts aus dem Kadaver der Großen Göttin
Babylon

»Enuma Elish«, die Mythe vom »Krieg der Götter« ist in zwei Versionen überliefert. Die eine steht auf Tafeln, die in Ninive, der späteren Hauptstadt Assyriens, gefunden wurden. Sie befinden sich heute im Britischen Museum. Diese Version kann als die originale bezeichnet werden. Sie stellt den Text dar, der am vierten Tag des babylonischen Neujahresfestes in Babylon selbst rezitiert wurde. Eine ältere Version, die auf das 2. Jahrtausend v. Chr. zu datieren ist wurde 1915 in Assur entdeckt. Diese Mythe ist in dreifacher Hinsicht aufschlußreich:

Sie ist die Schöpfungs- und Gründungsgeschichte der Stadt Babylon. Sie erzählt vom endgültigen Sieg des Patriarchats über eine mutterrechtliche Ordnung. Darüber hinaus ist sie ein Beispiel für einen Typ von Schöpfungsmythen, für den Marie-Louise von Franz den Begriff der »Geschichte vom ersten Opfer« geprägt hat.

Der Vorspruch

Als der erhabene Anu, Gott des Himmels und König der Engel war und Bel, Gott des Weltgebirges, der zugleich Herr über Himmel und Erde ist, wurde von diesen beschlossen, die Geschicke des Landes in die Hand von Marduk zu legen, Herrscher über alle Völker und Schutzgott der Stadt Babylon.

Marduk ist der Erstgeborene von Ea, der Göttin des wässrigen Abgrundes. Sie machten Marduk also groß unter den großen Göttern. Sie gaben Babylon einen so herrlichen und überragenden Herrscher. Sie machten Babylon zur unübertrefflichen Stadt unter allen Städten der Welt und ließen sie inmitten eines immerwährenden Königreiches entstehen, dessen Fundamente so fest sind wie die von Himmel und Erde.

Zu dieser Zeit riefen Anu und Bel mich, Hammurabi, den frommen Prinzen und Verehrer der Götter beim Namen und befahlen mir, gerechte Ordnung in diesem Land aufzurichten, die Bösen und Aufsässigen zu züchtigen, zu verhindern, daß die Schwachen von den Starken bedrückt werden, das Land zu erhellen wie die Sonne, die über die Erde dahinzieht, zur Wohlfahrt des Menschen.

Als der Himmel oben noch keinen Namen hatte, noch die Erde darunter benannt war, gab es ein Paar. Apsu, Herrscher über das süße Wasser; Tiamat, Herrscherin über die salzigen Gewässer. Und sie ist es, die alles hervorgebracht hat. Die beiden Arten von Wasser, über die Apsu und Tiamat geboten, vermischten sich damals noch. Weideland war noch nicht vorhanden, noch sah man eine Schilfmarsch. Keine der dann folgenden Generationen der Götter war damals schon erschaffen, noch waren ihre Namen ausgedacht oder ihr Schicksal festgelegt. Aber Apsu und Tiamat zeugten miteinander einen Sohn, den ersten Botschafter des Wortes.

Darauf wurden Lahmu und Lahamu ins Leben gerufen und erhielten ihre Namen. Ehe sie noch herangewachsen waren und groß geworden, kamen Anshar und Kisharund. Diese übertrafen sie noch an Körpergröße. Sie lebten viele Tage und fügten Jahre den Tagen hinzu, und ihr erstgeborener Sohn, den sie als Erbe sahen, war Anu.

Anu zeugte sein Ebenbild Ea, stark, verständig, groß, weise, mächtig, sogar stärker noch als sein Großvater, Anshar. Und keiner war unter seinen Brüdern, den übrigen Göttern, der ihm ebenbürtig gewesen wäre.

Diese göttlichen Brüder lärmten in dem Palast von Tiamat. Sie rannten in ihrer göttlichen Wohnung umher und gaben Apsu Ursache zum Verdruß.

Tiamat schwieg dazu, wenn ihr auch der Übermut, der Lärm und die Unbeherrschtheit der Götterkinder mißfiel.

Darauf rief Apsu, der Erzeuger der Großen Götter, seinen Sohn und Botschafter Mummu zu sich, der auch sein Berater war. Er sprach zu ihm:

»Mummu, du der du mein Herz immer erfreust, komm wir wollen zu Tiamat gehen.« Das taten sie und als sie vor ihr standen, tat Apsu seinen Mund auf und sagte mit lauter Stimme:

»Wir sind hier wegen der Kinder. Ihr Benehmen wird immer mehr zu einer Plage. Ich kann weder ausruhen bei Tag, noch schlafen bei Nacht. Ich will sie vernichten. Damit muß es ein Ende haben, und wenn Ruhe und Ordnung wieder hergestellt ist, dann laß uns schlafen gehen.

Tiamat aber wurde nach dieser Rede ihres Gefährten zornig und sagte:

»Wie können wir vernichten, was wir selbst geschaffen haben, was unser Fleisch und Blut ist. Gut, sie benehmen sich recht wild und sind übermütig, aber darein muß man sich mit Geduld fügen.«

Mummu aber sprach zu seinem Vater:

»Ja doch, machen wir der Unordnung ein Ende. Du brauchst deine Ruhe bei Tag und deinen Schlaf bei Nacht.«

Darauf ersann Apsu einen bösen Plan gegen seine Nachkommenschaft. Mummu aber war es zufrieden, er saß auf den Knien des Vaters, küßte ihn und streichelte seine Wange.

Aber von diesem Anschlag hörten die großen Götter, und als sie darum wußten, trafen sie ihrerseits ihre Vorkehrungen.

Ea, der Klügste unter ihnen, zog sich zu seinem Schutz einen Zauberkreis. Er sprach Zaubersprüche über das Wasser hin, das herabtropfte in Apsus Augen und Apsu schlief ein. Als Ea Apsu und nach ihm auch Mummu eingeschläfert hatte mit Zaubermitteln, löste er Apsus Kinnband, nahm ihm die Krone ab und setzte sie sich selbst auf das Haupt. Damit aber ging alle Macht die Apsu besessen hatte, nun auf ihn über. Sobald er so mächtig geworden war, erschlug er Apsu, er ergriff Mummu, legte ihm eine Schlinge um den Hals und führte ihn mit sich fort.

Nachdem so Ea, der jüngere Sohn, Sieger geblieben war über seine Feinde, ergriff er Besitz von der Wohnung seines Vaters und wohnte dort mit seiner Gefährtin Damkina. Mit ihr zeugte er in der Kammer des Schicksals den Klügsten unter allen Göttern, nämlich Marduk. Und das Kind wurde genährt an den Brüsten der Göttinnen. Dadurch wurde ihm ehrfurchtgebietende Majestät zu teil. Seine Gestalt war berückend anzusehen, blitzend waren seine Augen. Er war vom Scheitel bis zur Sohle der geborene Anführer. Und als Ea, sein Vater ihn sah, frohlockte er und gab ihm doppelt soviel Kraft wie all die anderen Götter besaßen. Marduk übertraf sie in allem und jedem. Seine Glieder waren wunderbar gestaltet, wenn man ihn ansah, dachte man: Unmöglich, daß ein Wesen so schön sein kann. Er hatte vier Augen und vier Ohren. Und wenn er den Mund öffnete, war sein Atem Feuer. Er war reich und konnte sich mit einem Aufwand kleiden, für den man die Gewänder für zehn weitere Götter hätte anfertigen können.

Und es geschah zu dieser Zeit, daß der Gott Anu die vier Winde schuf, indem er auf der Oberfläche des Wassers, über das Tiamat gebot, Wellen erzeugte. Er warf auch Schmutz ins Wasser und peitschte es auf. Da wurde Tiamat böse. Tag und Nacht trieb es sie um. Und die, welche um sie waren, sagten zu ihrer aufgebrachten Mutter:

»Als man Apsu, deinen Gefährten getötet hat, warst du nicht an seiner Seite. Nun sind die vier Winde erschaffen worden. Du bist aufgebracht. Du bist zornig. Wir finden keine Ruhe. Wir können nicht schlafen. Willst du nicht endlich etwas unternehmen?«

Da gebar Tiamat, die Mutter aller Dinge, viele Ungeheuer: Schlangen mit scharfen Zähnen, in deren Adern Gift kreiste statt Blut, Drachen erzeugte sie, große Löwen, wilde Hunde, Skorpionen-Männchen und Sturmdämonen. Unter ihnen war der Erstgeborene Kingu. Ihn erhob Tiamat über alle anderen.

»Ich mache dich groß«, sprach sie, »ich will dir die Herrschaft über alle Götter geben. Ich mache dich zu meinem einzigen Gefährten.« Und sie steckte ihm einen Schild an die Brust, darauf stand seine Bestimmung verzeichnet, und dabei sprach sie zu ihm:

»Deine Worte sollen die Feinde niederwerfen, dein Gift allen Widerstand auslöschen.« Und darauf machten sie und ihre Brut sich bereit zur Schlacht mit den männlichen Gottwesen.

Als Ea das hörte, wurde ihm Angst und bange. Er schickte nach seinem Vater Anshar und berichtete ihm, was Tiamat plante. Anshar brüllte auf vor Zorn. Er ließ Anu, seinen ältesten Sohn holen und bat ihn, gegen Tiamat ins Feld zu ziehen. Der gehorchte zwar, aber er war zu schwach, um etwas gegen das Weib auszurichten. Niedergeschlagen kehrte er heim. Da versammelten sich alle männlichen Götter. Schweigend und bedrückt von Angst und Schrecken saßen sie da.

Ea aber rief nun seinen Sohn Marduk in die Kammer und enthüllte ihm das Geheimnis seines Herzens.

»Du bist mein Sohn«, sagte er, »hör auf das Wort deines Vaters. Gürte dich zur Schlacht und dann tritt vor Anshar hin. Wenn er dich sieht, wird er ruhig und gelassen werden.«

Marduk schmeichelte es, was Ea zu ihm sagte, und er tat, wie ihm geheißen. Er trat vor Anshar und dessen Herz war von Freude erfüllt. Er küßte ihn auf die Lippen, und Anshars Furcht war vergangen.

»Ich werde all das tun, wonach Euer Herz trachtet«, sagte Marduk. »Tiamat, das Weib, zieht gegen Euch unter Waffen. Bald werdet Ihr Euren Fuß auf Ihren Nacken setzen. O Herr des Schicksals der Großen Götter! Wenn ich nun Euer Rächer sein und wenn Tiamat sterben soll durch meine Hand, dann laßt jetzt alle versammeln und teilt ihnen mit, daß von nun an ich den Dingen vorstehen und die Geschicke der Götter lenken werde.«

Anshar wandte sich an seinen Berater, Kaka, und der rief die Götter zusammen. Und Anshar sprach zu Kaka:

»Heiße sie in der Bankethalle Platz nehmen. Gib ihnen Brot und schenk ihnen Wein ein. Erklär ihnen, daß Tiamat selbst jene haßt, die wir selbst geschaffen haben, daß Tiamat, von der alle Dinge stammen, zu den Waffen gegriffen hat und mit Schlangen, Drachen, großen Löwen, wilden Hunden, allen voran ihr neuer Gefährte Kingu, gegen uns anrückt. Ich hatte Anu ihr entgegengeschickt, aber er versagte. Jetzt schicke ich Marduk, den weisesten der Götter aus und erkläre, daß, sofern er den Sieg über das Weib davonträgt, allein das gelten soll, was als Befehl über seine Lippen kommt.«

Die Götter hörten dieses Wort, küßten einander, unterhielten sich, aßen, tranken, und der Wein vertrieb ihre Furcht. Sie wurden ausgelassen und übermütig, und dann huldigten sie Marduk, und er stieg auf den Thron, auf dem zuvor sein Vater gesessen hatte.

»O Herr«, sagten sie zu ihm, »was du bestimmst, soll hinfort unter den Göttern gelten. Jemanden zu Fall zu bringen oder zu erheben – von nun an liegt es in deiner Hand. Was du aussprichst soll Wahrheit sein, unverbrüchlich. Niemand unter den Göttern soll sich deinem Willen widersetzen. Wir setzen dich ein zum König über das Universum.«

Sie breiteten ein Gewand in ihrer Mitte aus, das sternenbesetzte Kleid der Nacht.

»Durch dein Wort«, riefen sie, »wirst du es verschwinden lassen. Durch dein Wort soll es wieder erscheinen. Du bist die Sonne, die die Nacht vergehen läßt, und wendest du dein Gesicht ab, dann kommt die Nacht wieder.«

Marduk sprach, und das Gewand verschwand.

Marduk schwieg, und das Gewand war wieder da.

Und daran erkannten die anderen Götter seine Macht. Sie jubelten, huldigten ihm und riefen:

»Marduk ist König!«

»Die Götter gaben Marduk dann das Szepter, den Thron, den königlichen Ring und den Donnerkeil! Er nahm seinen Bogen, faßte seine Keule mit der rechten Hand, setzte vor sich den Blitz, füllte seine Lungen mit

Feuer. Er machte ein Netz, um es Tiamat überwerfen zu lassen. Dann rief er Winde aus allen vier Himmelsrichtungen herbei. Er bestieg seinen Kampfwagen, und fuhr so in den Kampf gegen Tiamat. Ein Zauberspruch war auf seinen Lippen. Ein giftiges Kraut hielt er in der Linken. Die Götter umtanzten ihn, und so näherte er sich ihr, um ihr ins Herz zu sehen und den Schlachtplan Kingus, ihres Gefährten auszuspäen. Als Marduk ihn anschaute, wurde Kingu verwirrt, sein Wille war wie gelähmt, er war zu keiner Handlung mehr fähig. Die Dämonen, die an seiner Seite marschierten, merkten das, und die Unsicherheit übertrug sich auf sie.

Aber Tiamat rief spottend Marduk entgegen:

»Du kommst daher, als seist du der Herr der Welt.«

Marduk aber erhob seine mächtige Waffe:

»Nun«, rief er, »was hast du in deinem bösen Sinn ausgedacht? Du hast Kingu zu deinem Gefährten gemacht. Kingu der nichtswürdig ist. Gegen Anshar, den König der Götter, habt Ihr Euch verschworen. Laß deine Leute zu ihren Waffen greifen. Halte mir stand. Jetzt soll zwischen uns entschieden werden, wer künftig der Mächtigste ist! Als Tiamat das hörte, wurde sie wie von Sinnen. Sie stieß wilde Schreie aus, sie zitterte, sie murmelte Zaubersprüche. Sie rief die Götter der Schlachten an. Dann rückte sie vor. Marduk ging ihr entgegen. Die Schlacht begann. Marduk ließ ihr das Netz überwerfen, und als sie abermals den Mund auftat, blies er ihr einen schlechten Wind in ihren Leib, so daß sie allen Mut verlor. Er traf sie mit einem Pfeil mitten durchs Herz. Er stand auf ihrem Leichnam, und jene Dämonen, die an ihrer Seite gefochten hatten, rannten um ihr Leben. Aber auch ihnen warf er Netze über, vernichtete ihre Waffen und nahm sie gefangen.

Die giftigen Ungeheuer, die Tiamat hervorgebracht hatte, ließ Marduk in Fesseln legen und zu Tode trampeln. Kingu nahm er das Schild mit dem Schicksalsspruch ab und drückte es in sein Siegel. Dann kehrte er zu der Leiche Tiamats zurück und gnadenlos zertrümmerte er ihren Schädel. Er schnitt der Leiche die Adern auf und hieß den Nordwind ihr Blut zu verwehen in Teile der Welt, die keiner kennt. Und als die männlichen Götter dies sahen, brachen sie in Freudengeheul aus und versprachen ihm viele Geschenke. Marduk hielt inne und sah auf das, was von der Leiche Tiamats noch übrig geblieben war. Da kam ihm ein großartiger Einfall. Er teilte den Körper in zwei Hälften, und aus der einen machte er das Dach des Himmels. Er stellte Wachen auf, die darauf achteten, daß das Wasser darunter nicht davonfloß. Als nächstes schritt er über den Himmel hin, vermaß seine Quartiere bis zum Haus seines Vaters Ea. Auch vermaß er die Tiefe. Dann errichtete er eine große Behausung, die Erde, und wies den verschiedenen Göttern ihre Bereiche darin an. Marduk legt nun die Dauer des Jahres fest und erfand die zwölf Tierkreiszeichen, die Tage des Jahres und die Bahnen der Planeten, das Zunehmen und Abnehmen des Mondes, dessen Standort und den der Sonne.

Schließlich sprach er zu seinem Vater Ea:

»Blut will ich zusammendrängen, Knochen sollen es eingrenzen. So will ich ein Geschöpf machen. ›Mensch‹ soll sein Name sein. Und dieser Mensch soll den Göttern dienen, damit diese sich nur noch vergnügen, und sie tun können, was ihnen gefällt.«

Marduk erklärte seinem Vater, wie er vorgehen wolle, um seinen Plan zu verwirklichen. Er wollte die Götter in zwei Gruppen aufteilen, gut die einen, böse die anderen, und vom Blut und den Knochen der Bösen, jenen nämlich, die Tiamat beigestanden hatten, wollte er die Menschen machen. Ea aber antwortete:

»Nimm nur einen der bösen Götter, vernichte ihn und bilde daraus die Menschen.«

Marduk ging auf diesen Vorschlag ein.

Er ließ die Götter wieder zusammenkommen und redete sie so an:

»Was ich Euch versprochen habe, ist geschehen. Wer aber hat eigentlich Tiamat zu diesem Aufstand gegen uns angestiftet und diesen Frevel vorbereitet? Bringt ihn mir. Ihn will ich bestrafen, den anderen aber verzeihen.«

Da antworteten die Götter einmütig:

»Kingu war es, der Tiamat zu der Rebellion anstiftete und den Krieg vorbereitete.«

Sie banden ihn, geißelten ihn vor Ea, bis seine Adern aufsprangen und aus deren Blut nahm Marduk das Blut für die Menschen. Dann befahl Ea der Menschheit, sie habe immer den Göttern zu dienen, und so waren die Götter frei von aller Arbeit und Mühe.

Ehe sie sich aber in ihre kosmischen Wohnungen begaben, sprachen sie zu Marduk:

»Oh Herr, der du uns aus der Knechtschaft erlöst hast, wir wollen ein Zeichen setzen für unsere Dankbarkeit. Komm, laß uns ein Heiligtum machen, eine Wohnung, in der wir nächtens ausruhen, und darin soll auch ein Thron stehen, ein Sitz mit einer Rückenlehne, für dich, unseren Herrn.«

Und als Marduk das hörte, leuchtete der Ruhm auf in seinem Gesicht und er sagte:

»Dieser Ort soll Babylon sein!«[7]

Die Bezüge zwischen diesem Schöpfungsbericht aus Babylon und dem der Genesis sind unverkennbar.« Die »Tiefe« in Genesis 1.2 ist nichts anderes als der hebräische Ausdruck für »Tiamat«. Die Tätigkeiten von Marduk und die des Gottvaters in der Schöpfungsgeschichte der Bibel sind sehr ähnlich. Allerdings ist von der Auseinandersetzung zwischen einer Göttin und der göttlichen Männerwelt in der Genesis keine Rede mehr. Ihre Episoden stammen aus einer späteren Epoche der patriarchalen Entwicklung als die in der frühen Bronzezeit entstandenen Schöpfungsmythen Babylons.

Der Schöpfungsbericht der Bibel

Die in unserem Kulturkreis bekannteste Schöpfungsgeschichte ist die des Alten Testamentes. Die Texte des sogenannten Mythologischen Zyklus (Genesis 1–8) im Alten Testament sind über einen großen Zeitraum hin entstanden. Die frühesten »Schichten« (Yahwist und Elohim-Text) stammen wahrscheinlich aus dem nördlichen und südlichen Königreich im Israel des 9. Jahrhunderts v. Chr. Die letzte Redaktion mit Veränderungen und Erweiterungen fand um 300 v. Chr. statt. In der Schöpfungsgeschichte des Alten Testamentes lassen sich sehr deutlich Übernahmen aus den Mythen anderer orientalischer Völker erkennen. So findet sich das Bild des Gartens mit den beiden Bäumen schon bei den Sumerern, deren Mythen im übrigen auch berichten, die Götter hätten die Menschen erschaffen, um nicht selbst die mühsame Arbeit der Feldbestellung ausführen zu müssen. Die Opfer in Form von Nahrungsmitteln und Tieren hat man sich als den Lebensunterhalt der Götter vorzustellen.

Auch das Motiv der beiden Bäume ist älter als das Alte Testament. In der Bibel wird zwischen dem Baum der Erkenntnis und dem Baum der Unsterblichkeit unterschieden. Letzterer ist durch einen willkürlichen Akt Gottes für den Menschen später nicht mehr zugänglich. In anderen Mythologien Europas und des Orients sind beide Bäume miteinander identisch. Der Zutritt zu ihnen, der Genuß ihrer Früchte ist dem Menschen nicht verwehrt. Den Kernpunkt der Episode der Vertreibung Adams und Evas aus dem Paradies stellt ein Motiv dar, daß in vielen Märchen und Mythen, nicht nur im Orient, auftaucht.

Manchmal handelt es sich um einen verbotenen Platz, andermal um ein verbotenes Zimmer oder eine verbotene Straße. Das Verbot kann Früchte, Getränke oder eine gewisse Zeit betreffen. Nicht selten dient es zum Schutz eines noch unerfahrenen oder unreifen Menschen. Indem der junge Held bewußt das Verbot verletzt, und den Bereich der bösen Mächte betritt (Drachentöter), erlöst er die Menschheit, vollzieht aber auch einen Schritt in seinem eigenen Entwicklungsprozeß. Somit kann die Episode aus dem Garten Eden, wenn man sie aus der Perspektive von Adam und Eva und nicht aus der Gottes betrachtet, auch in dem Sinn verstanden werden, daß das erste

Menschenpaar das Tor zu den Realitäten des Lebens aufstößt. Als religiöse Symbole verweisen der Baum im Paradies und jener andere Baum, der des Kreuzes, an dem Jesus stirbt und damit die Schuld und die Sünden der Menschen sühnt, aufeinander.

Wir geben hier die Schöpfungsgeschichte in der Eindeutschung von Martin Buber, Israel, wieder:

Im Anfang schuf Gott den Himmel und die Erde.

Die Erde war Irrsaal und Wirrsal.
Finsternis über Urwirbels Antlitz.
Braus Gottes schwingend über dem Antlitz
    des Wassers.

Gott sprach: Licht werde! Licht ward.
Gott sah das Licht: daß es gut ist.
Gott schied zwischen dem Licht und der Finsternis.
Gott rief dem Licht: Tag! und der Finsternis rief er:
    Nacht!
Abend ward und Morgen ward: Ein Tag.

Gott sprach:
Gewölb werde inmitten der Wasser
und sei Scheide von Wasser und Wasser!
Gott machte das Gewölbe
und schied zwischen Wasser das unterhalb des Gewölbs
    war und dem Wasser das oberhalb des Gewölbs
    war.
Es ward so.
Dem Gewölb rief Gott: Himmel!
Abend ward und Morgen ward: zweiter Tag.

Gott sprach:
Das Wasser unterm Himmel staue sich an einem Ort,
und das Trockene lasse sich sehen!
Es ward so.
Dem Trocknen rief Gott: Erde! und der Stauung der
    Wasser rief er: Meere!

Gott sah, daß es gut ist.
Gott sprach:
Sprießen lasse die Erde Gesproß,
Kraut, das Samen samt, Fruchtbaum, der nach seiner Art
  Frucht macht drin sein Same ist, auf der Erde!
Es ward so.
Die Erde trieb Gesproß,
Kraut, das nach seiner Art Samen samt, Baum, der nach
  seiner Art Frucht macht drin sein Same ist.
Gott sah, daß es gut ist.
Abend ward und Morgen ward: dritter Tag.

Gott sprach:
Leuchten seien am Gewölb des Himmels, zwischen dem
  Tag und der Nacht zu scheiden,
daß sie werden zu Zeichen, so für Gezeiten so für Tage
  und Jahre,
und seien Leuchten am Gewölbe des Himmels, über die
  Erde zu leuchten!
Es ward so.
Gott machte die zwei großen Leuchten,
die größre Leuchte zur Waltung des Tages und die kleinre
  Leuchte zur Waltung der Nacht,
und die Sterne.
Gott gab sie ans Gewölb des Himmels,
über die Erde zu Leuchten, des Tags und der Nacht zu
  walten, zu scheiden zwischen dem Licht und der Finsternis.
Gott sah, daß es gut ist.
Abend ward und Morgen ward: vierter Tag.

Gott sprach:
Das Wasser wimmle, ein Wimmeln lebenden Wesens,
  und Vogelflug fliege über die Erde vorüber dem Antlitz des Himmelsgewölbs!
Gott schuf die großen Ungetüme

und alle lebenden regen Wesen, von denen das Wasser
    wimmelte, nach ihren Arten,
und allen befittichten Vogel nach seiner Art.
Gott sah, daß es gut ist.
Gott segnete sie, sprechend:
Fruchtet und mehret euch und füllt das Wasser in den
    Meeren,
und der Vogel mehre sich auf Erden!
Abend ward: Fünfter Tag.

Gott sprach:
Die Erde treibe lebendes Wesen nach seiner Art,
Herdentier, Kriechtier und das Wildlebende des Erdlan-
    des nach seiner Art!
Es ward so.
Gott machte das Wildleben des Erdlandes nach seiner
    Art und das Herdentier nach seiner Art und alles Ge-
    rege des Ackers nach seiner Art.
Gott sah, daß es gut ist.
Gott sprach:
Machen wir den Menschen in unserem Bild nach unse-
    rem Gleichnis!
Sie sollen schalten über das Fischvolk des Meeres, den
    Vogel des Himmels, das Getier, die Erde all, und alles
    Gerege, das auf Erden sich regt.
Gott schuf den Menschen in seinem Bilde,
im Bilde Gottes schuf er ihn,
männlich, weiblich schuf er sie.
Gott segnete sie,
Gott sprach zu ihnen:
Fruchtet und mehret euch und füllet die Erde und be-
    mächtigt euch ihrer!
schaltet über das Fischvolk des Meeres, den Vogel des
    Himmels und alles Lebendige, das auf Erden sich
    regt!
Gott sprach:
da gebe ich euch

alles samensäende Kraut, das auf dem Antlitz der Erde all
	ist,
und alljeden Baum, daran samensäende Baumfrucht
	ist,
euch sei es zum Essen,
und allem Lebendigen der Erde, allem Vogel des Him-
	mels, allem was auf Erden sich regt, darin lebendes
	Wesen ist,
alles Grün des Krauts zum Essen.
Es ward so. Gott sah alles, was er gemacht hatte, und da,
	es war sehr gut.
Abend ward und Morgen ward: sechster Tag.

Vollendet waren der Himmel und die Erde, und all ihre
	Schar.
Vollendet hatte Gott am siebten Tag seine Arbeit, die er
	machte,
und feierte am siebten Tag von all seiner Arbeit, die er
	machte.
Gott segnete den siebten Tag und heiligte ihn,
denn an ihm feierte er von all seiner Arbeit, die machend
	Gott schuf.

Dies sind die Zeugungen des Himmels und der Erde: Ihr
	Erschaffensein.

Am Tag, da ER, Gott, Erde und Himmel machte,
noch war aller Busch des Feldes nicht auf der Erde,
noch war alles Kraut des Feldes nicht aufgeschossen,
denn nicht hatte regnen lassen ER, Gott, über die Erde,
und Mensch, Adam, war keiner, den Acker, Adama, zu
	bedienen:
aus der Erde stieg da ein Dunst und netzte all das Antlitz
	des Ackers,
und ER, Gott, bildete den Menschen, Staub vom
	Acker,
er blies in seine Nasenlöcher Hauch des Lebens,
und der Mensch wurde zum lebenden Wesen.

ER, Gott, pflanzte einen Garten in Eden, Üppigland,
   ostwärts,
und legte darein den Menschen, den er gebildet hatte.
ER, Gott, ließ aus dem Acker allerlei Bäume schießen,
reizend zu sehen und gut zu essen,
und den Baum des Lebens mitten im Garten und den
   Baum der Erkenntnis von Gut und Böse.

Ein Strom aber fährt aus von Eden, den Garten zu net-
   zen,
und trennt sich von dort und wird zu vier Flußköpfen.
Der Name des einen ist Pischon, der ists der alles Land
   Chawila umkreist, wo das Gold ist,
gut ist das Gold des Lands, dort ist das Edelharz und der
   Stein Karneol.
Der Name des zweiten Stroms Gichon, der ists der alles
   Land Kusch umkreist.
Der Name des dritten Stroms ist Chiddekel, der ists der
   im Osten Assyrien hingeht.
Der vierte Strom ist der Euphrat.

ER, Gott, nahm den Menschen und setzte ihn in den
   Garten von Eden,
ihn zu bedienen und ihn zu hüten.
ER, Gott, gebot über den Menschen, sprechend:
Von allen Bäumen des Gartens magst du essen, essen,
aber vom Baum der Erkenntnis von Gut und Böse
von dem sollst du nicht essen,
denn am Tag, da du von ihm issest, mußt sterben du,
   sterben.
ER, Gott, sprach:
Nicht gut ist, daß der Mensch allein sei,
ich will ihm eine Hilfe machen, ihm Gegenpart.
ER, Gott, bildete aus dem Acker alles Lebendige des
   Feldes und allen Vogel des Himmels
und brachte sie zum Menschen, zu sehn wie er ihn
   rufe,

und wie alles der Mensch einem rufe, als einem lebenden
   Wesen, das sei sein Name.
Der Mensch rief mit Namen allem Herdentier und dem
   Vogel des Himmels und allem Wildlebenden des Fel-
   des.
Aber für den Menschen erfand sich keine Hilfe, ihm
   Gegenpart
ER senkte auf den Menschen Betäubung, daß er ent-
   schlief,
und nahm von seinen Rippen eine und schloß Fleisch an
   ihrer Stelle.
ER, Gott, baute die Rippe, die er vom Menschen nahm,
   zu einem Weibe und brachte es zum Menschen.
Der Mensch sprach:
Diesmal ist sies!
Bein von meinem Gebein,
Fleisch von meinem Fleisch!
Die sei gerufen
Ischa, Weib,
denn von Isch, vom Mann, ist die genommen.
Darum läßt ein Mann seinen Vater und seine Mutter und
   haftet seinem Weibe an,
und sie werden zu einem Fleisch.
Die beiden aber, der Mensch und sein Weib, waren
   nackt, und sie schämten sich nicht.

Die Schlange war listiger als alles Lebendige des Feldes,
   das ER, Gott, gemacht hatte.
Sie sprach zum Weib:
Ob schon Gott sprach: Eßt nicht von allen Bäumen des
   Gartens ...!
Das Weib sprach zur Schlange:
Von der Frucht der Bäume im Garten mögen wir
   essen,
aber von der Frucht des Baumes, der mitten im Garten
   ist,
hat Gott besprochen:

Eßt nicht davon und rührt nicht daran, sonst müßt ihr
    sterben
Die Schlange sprach zum Weib:
Sterben, sterben werdet ihr nicht,
sondern Gott ists bekannt,
daß am Tag, da ihr davon esset, eure Augen sich klären
und ihr werdet wie Gott, erkennend Gut und Böse.
Das Weib sah,
daß der Baum gut war zum Essen
und daß er eine Wollust in den Augen war
und anreizend der Baum, zu begreifen.
Sie nahm von seiner Frucht und aß
und gab auch ihrem Mann bei ihr, und er aß.
Die Augen klärten sich ihnen beiden,
und sie erkannten,
daß sie nackt waren.
Sie flochten Feigenlaub und machten sich Schurze.

Sie hörten SEINEN Schall, Gottes, der sich bei Tages-
    wind im Garten erging.
Es versteckte sich der Mensch und sein Weib vor
    SEINEM, Gottes, Antlitz.
ER, Gott, rief den Menschen an und sprach zu ihm:
Wo bist du?
ER sprach:
Wer hat dir gemeldet, daß du nackt bist?
hast du vom Baum, von dem nicht zu essen ich dir gebot,
    gegessen?
Der Mensch sprach:
Das Weib, das du mir beigegeben hast, sie gab mir von
    dem Baum, und ich aß.
ER, Gott, sprach zum Weib:
Was hast du da getan!
Das Weib sprach:
Die Schlange verlockte mich, und ich aß.
ER, Gott, sprach zur Schlange:
Weil du das getan hast,

sei verflucht vor allem Getier und vor allem Lebendigen
　　des Feldes,
auf deinem Bauch sollst du gehn und Staub sollst du fres-
　　sen alle Tage deines Lebens,
Feindschaft stelle ich zwischen dich und dein Weib, zwi-
　　schen deinen Samen und ihren Samen,
er stößt dich auf das Haupt, du stößt ihm in die Ferse.
Zum Weibe sprach er:
Mehren, mehren will ich deine Beschwernis, deine
　　Schwangerschaft,
in Beschwer sollst du Kinder gebären.
Nach deinem Mann sei deine Begier, er aber walte dir
　　ob.
Zu Adam sprach er:
Weil du auf die Stimme deines Weibes gehört hast
und von dem Baum gegessen hast, den ich dir verbot,
　　sprechend: Iß nicht davon!
sei verflucht der Acker um deinetwillen,
in Beschwer sollst du von ihm essen alle Tage deines
　　Lebens.
Dorn und Stechkraut läßt er dir schießen,
so iß denn Kraut des Feldes!
Im Schweiß deines Anlitzes magst du Brot essen,
bis du zum Acker kehrst,
denn aus ihm bist du gekommen.
Denn Staub bist du und zu Staub wirst du kehren.

Der Mensch rief den Namen seines Weibes: Chawwa,
　　Leben!
Denn die wurde Mutter alles Lebendigen.

ER, Gott, machte Adam und seinem Weibe Röcke aus
　　Fell und kleidete sie.

ER, Gott, sprach:
Da,
der Mensch ist geworden wie unser einer im Erkennen
　　von Gut und Böse.

Und nun
könnte er gar seine Hand ausschicken
und auch vom Baum des Lebens nehmen und essen
und in Weltzeit leben!
So schickte ER, Gott, ihn aus dem Garten von Eden, den
  Acker zu bedienen, daraus er genommen war.
Er vertrieb den Menschen
und ließ vor dem Garten von Eden ostwärts die Cheru-
  ben wohnen
und das Lodern des kreisenden Schwerts,
den Weg zum Baum des Lebens zu hüten.[8]

Ja, ich war es
Ägyptischer Text aus den Pyramiden

Auch beim männlichen Schöpfungsgott taucht die Vorstellung
von der Erschaffung aus sich selbst auf.

Ja,
ich war es,
der meinen Penis ergriff,
Saatwasser hervorlockte,
dieses durch meine Faust in mich selbst
hineinleitete.
Ich wickelte mich selbst um meinen Penis,
ich half mit meinen Schatten zu vögeln,
ich fächelte mir Kühlung zu unter seiner Wolke.
Ich regnete fruchtbares Wasser,
es trieb wie Gerste aus der Erde
in meinen eigenen Mund.

Daraus erspross der Windmann Schu.
Ich gebar das Regenmädchen Sefnut.[9]

Anderen Schöpfungsmythen ist die Absicht anzumerken zwischen den Extremen eines weiblichen oder männlichen Anfangs zu vermitteln. So jener Geschichte aus den Brihadaranyanka Upanischaden:

Purusha, der erste Mann
Indien

Am Anfang der Welt war Purusha, der erste Mann. Er war allein. Er fand keine Freude daran, so ganz allein zu sein. Da teilte er sich in eine männliche und eine weibliche Hälfte, und diese beiden Hälften paarten sich. Die weibliche Hälfte dachte: »Wie kann er mich umarmen, da er mich doch aus sich selbst hervorgebracht hat? Das gefällt mir nicht. Ich will mich verstecken.« Da verwandelte sich die weibliche Hälfte erst in einen weiblichen Hasen, aber Purusha erkannte es und wurde ein männlicher Hase. Die Frau wurde ein weiblicher Sperling. Er verwandelte sich in einen männlichen Vogel und begattete sie. So ging es immer weiter, bis am Ende alle Arten von Tieren, die man heute auf der Welt antrifft, geschaffen worden waren.[10]

Eine der frühesten chinesischen Legenden berichtet vom Riesen P'an Kou, der zwischen Yang (Himmel) und Yin (Erde) vermittelt. Manchmal mußte er sich dabei neunmal an einem Tage verwandeln und abwechselnd ein Yang, also Himmelswesen, um dann wieder ein Yin-Wesen zu werden.

Der Schöpfergott des Schicksals
Schöpfungsgeschichten der Suaheli
Ostafrika

Die Suaheli leben am Schnittpunkt zweier Welten. Die afrikanischen Stämme, die sich an der Ostküste Afrikas niederließen, waren aus dem Bergland und den Trockensteppen im Landesinneren vertrieben worden und vermischten sich mit Seeleuten und Händlern, die aus Arabien, Persien, Indien und Madagaskar stammten. Das Ergebnis war ein Volk, dessen Sprache im Grunde afrikanisch (Bantu) ist, während seine Kultur und seine Religion vom Islam geprägt wurden. Das Hauptmotiv aller Mythen und Märchen in jenem Küstenbereich zwischen Mogadischo und Mosambik, dessen Einwohner als Fischer, Händler und Seeleute nicht selten weite und abenteuerliche Reisen unternahmen, ist das Gesetz des Schicksals. Dies wird auch in den Schöpfungsmythen deutlich.

Ein Sammler der Mythen und Legenden der Suaheli, Jan Kappert, schreibt dazu:

»Allah hat seinen Plan bevor er Himmel und Erde zu schaffen beginnt. Das so komplizierte System der Fixsterne und wandelnden Planeten, der glühenden Hitze abstrahlender Sonne, des sich verändernden Mondes, der unterschiedliche Färbung aufweisenden Wolken und der Gezeiten des Meeres – all dies wird durch seinen Befehl vom Werden festgelegt. Die Existenz jeder Kreatur, Mann oder Frau, Tier oder Ameise, ist über Jahrhunderte hin bis in alle Einzelheiten von ihm geplant worden, so daß sogar feststeht, welcher Engel gemäß seinem Willen den Menschen die Ration an Nahrung bringt.
Kein Ereignis in unserem Leben ist hiernach zufällig. Alles hat seine Bedeutung. Der Name, den man erhält, die Träume, die man träumt, der Stand der Planeten bei unserer Geburt. Endlich erwartet den Menschen zu einer längst feststehenden Stunde seinen Tod, und ereilt er ihn im Krieg, dann spricht man von der Kugel, die seinen Namen trägt.«[11]

1. Das Licht und die Seelen

Vor Beginn der Zeit war da Gott. ER wurde nie geboren, noch wird ER je sterben. Wenn ER etwas wünscht, braucht ER nur zu sagen:

»Es werde!« und es existiert.

Also sprach Gott:

»Es werde Licht!« und es ward Licht. Gott nahm eine Handvoll des Lichts und es leuchtete in SEINER Hand. Dann sagte ER:

»Du gefällst mir mein Licht. Ich will aus dir die Seele meines Propheten machen. Ich will aus dir die Seele des Mohammed bilden.«

Als ER nun die Seele des Mohammed geschaffen hatte (möge Gott für ihn beten und ihm Frieden schenken), gefiel diese IHM so sehr, daß ER beschloß eine Menschheit zu schaffen, damit ER Mohammed als SEINEN Botschafter zu ihnen schicken könne, damit er SEIN Wort auf Erden verkünden könne.

SEIN Wort solle den Menschen auf Erden den Unterschied zwischen Gut und Böse lehren. Am Ende wollte Gott über alle Seelen zu Gericht sitzen. Jene, die der Nachricht des Guten Botschafters gefolgt waren, sollten belohnt werden. Die Anderen wollte er verstoßen.

In SEINER unendlichen Weisheit sah Gott alle Ereignisse, die in den Jahrhunderten bis zum letzten Tag geschehen sollten, voraus. Durch SEINE unbegrenzte Macht begann Gott all jene Dinge zu erschaffen, die ER zu irgendeinem Zweck, der nur IHM bekannt war, gebrauchen würde.

Zuerst erschuf ER den Thron und den Teppich, auf dem ER beim letzten Gericht Platz nehmen würde. Der Thron hat vier Beine und wird von vier starken Tieren getragen. Der Teppich in den Farben des Regenbogens dehnt sich über den Himmel hin bis an die Grenzen des Weltraumes aus. Unter diesem Thron liegt der schönste Platz im Universum. Jenen Seelen, denen es erlaubt ist, im Schatten des Teppichs zu wohnen, leben in ewiger Freude. Das strahlende Licht der göttlichen Gegenwart dringt weich durch die vielfarbigen Schleier aus denen der Teppich besteht.

Das dritte Ding, das Gott erschuf, war die Tafel, die

wohl aufbewahrt werden muß. Sie ist so groß, daß sie eine vollständige und in Einzelheiten gehende Beschreibung aller Ereignisse enthält, die sich irgendwo in Vergangenheit, Gegenwart und Zukunft vortragen. Diese Tafel hat eine eigenständige Seele. Sie ist die treueste unter allen Dienern Gottes. Sie enthält all SEIN Wissen und all SEINE Gebote. Man nennt sie die »Mutter der Bücher«, denn all die heiligen Bücher der Menschheit, in denen Gott etwas von SEINER Wahrheit offenbart hat, enthalten nur Teile ihres Inhalts. Die Geheimnisse des Universums, so weit sie sich durch Symbole ausdrücken lassen, sind in ihrer Oberfläche mit Buchstaben eingeritzt, die nur ER lesen kann. Zusammen mit der Tafel erschuf ER auch das Schreibgerät, mit dem ER SEINE Gebote aufzeichnete. Es ist so lang wie die Strecke zwischen Himmel und Erde. Es hat einen denkenden Kopf und eine eigene Persönlichkeit, und als es geschaffen worden war, befahl ihm Gott:
»Schreibe!«
Das Schreibgerät fragte:
»Was soll ich schreiben, Herr?«
Gott sagt:
»Schicksal!« Und seit diesem Augenblick ist es damit beschäftigt auf der Tafel die Schicksale aller Menschen zu verzeichnen.
Natürlich kann Gott auch seine Pläne ändern, wenn IHM das gefällt. Wenn ER sich nun eine Zukunft ausdenkt, die von dem ursprünglichen Plan abweicht, verschwindet die Schrift auf der Tafel und das Schreibgerät trägt den neuen Verlauf ein.
Als fünftes Ding schuf Gott die Trompete und mit ihr erschuf ER den Erzengel Serafili. Der Engel hält die Trompete an seinen Mund. In dieser Haltung wartet er geduldig Jahrhundert um Jahrhundert bis es Gott gefällt, seiner Geschichte ein Ende zu setzen. Er wird dann ein Zeichen geben. Serafili wird in seine Trompete stoßen. Die Trompete hat so einen mächtigen Klang, daß beim

ersten Ton alle Gebirge einstürzen werden, die Sterne vom Himmel fallen, und die Welt geht unter.

Das sechste Ding, das Gott schuf, war der Garten der Freuden, der bestimmt ist für die guten Seelen. Sie leben dort in ewigem Wohlergehen und erholen sich von ihren Kümmernissen auf Erden. In dem Garten gibt es Bäche mit klarem Wasser, Flüsse mit Milch und Honig, duftende Blumen und Bäume, die sich unter der Last der Früchte beugen. Die Früchte sind weich, süß und saftig, und wenn eine von ihnen abfällt, wächst auf der Stelle sofort eine andere nach. Wer würde nicht alles geben, was er besitzt, um dahin zu gelangen? Wer würde nicht die kurze Spanne des Lebens ertragen wollen, um danach für alle Ewigkeit in solch einem Garten zu wohnen?

Das siebente Ding, das Gott erschuf, wobei er vorhersah, daß viele Seelen nicht seinem Guten Botschafter folgen würden, war das Feuer. Krachend sprang es auf aus der tiefsten Tiefe der Schatten, aus dem entlegensten Teil des Weltraums. Gestank und Rauch sind sein Wesen, brüllender Donner seine Stimme. »Mein Herr«, rief das Feuer, »wo sind die Seelen der Sünder, ich will sie leiden sehen?«

Wer würde da nicht Tag und Nacht beten, damit seine Seele dieser Ewigen Qual entgeht.

Gott fuhr fort, Dinge aus dem Nichts hervorzuholen und sie so zu erschaffen, ER braucht nie auszuruhen; nie überkommt IHN Schlaf oder Schlummer.

Gott erschuf nun die Engel, jene unzählig viele Stimmen, die SEIN Lob singen. Aus reinem Licht erschuf ER sie; ihr Geist ist strahlend wie das Licht selbst, ihre Herzen sind so rein wie die Morgenluft. Nie kommt ihnen der Gedanke der Sünde, nie hegen sie böse Absichten in ihren Busen. Sie sind so ehrlich wie das Licht, das ihr Element ist und in ihren Körpern leuchtet. Deswegen sind sie die ergebenen Diener ihres Herrn, und der Einfall zu Ungehorsam kommt ihnen nie. Ihre Flügel sind strahlend weiß und weich; sie erzittern in der Furcht Gottes.

Der erste unter den Erzengeln ist Jiburili (Gabriel). Seine Aufgabe ist es, Gottes Worte seinen Propheten zu übermitteln. Deswegen wird Jiburili auch der Vertrauenswürdige Geist genannt. Die Überlieferung sagt, daß Mohammed während seines Lebens auf Erden Jiburili gefragt habe:

»Zeig mir deine wahre Gestalt.«

Jiburili warnte ihn, daß das gefährlich sei, aber Mohammed bestand darauf. Da gehorchte Jiburili – und siehe da, er füllte den ganzen Horizont aus. Seine Flügel rauschten durch die Himmel von Osten bis Westen. Der Prophet wurde aus Furcht ohnmächtig und fiel zu Boden. Jiburili hob ihn auf und sprach zu ihm:

»Fürchte dich nicht, ich bin doch dein Bruder!«

Als Gott den Städten des Lot den Untergang bestimmt hatte, schickte ER Jiburili hin. Um sie zu zerstören, entfaltete Jiburili zwei besondere Flügel, sie sind schwarz und sie verbreiten Vernichtung, wann immer sie sich bewegen.

Mit diesen Flügeln zerriß er die beiden Städte auf Erden wie man einen giftigen Pilz zerreißt, schleuderte sie so hoch in die Luft, daß die Bewohner des Himmels die Hähne krähen hörten, die sich in diesen Städten befanden und ließ sie darauf ins Feuer stürzen.

Mikaili (Michael) ist der zweite Erzengel. Ihm ist die Fürsorge für alle Lebewesen auf Erden aufgetragen. Tausende von Engel unterstehen seinem Befehl und sind Tag und Nacht unterwegs. Sie versorgen alle Lebewesen, mit den Dingen, die sie brauchen, gerade so wie es Gott beschlossen hat. Einigen wird im Überfluß gegeben, andere verhungern fast. Nur ER kennt den Grund. Kein Sterblicher muß sich fürchten, daß er nicht den ihm zustehenden Anteil erhält. Was Gott für ihn bestimmt hat, wird auch zu ihm gelangen: Luft zum atmen, Wasser gegen den Durst, Nahrung gegen den Hunger, Partner um sich fortzupflanzen. Wir brauchen uns um all das nicht zu bemühen. Es wird uns gebracht werden. Wir sind alle wie Bettler, die vor der Tür von Gottes Haus sitzen. Wir bitten darum, daß er uns alle Tage ein paar Münzen zuwirft.

Zeraeli ist der Engel des Todes. Er nimmt die Seele mit sich fort, nachdem er jeder Kreatur die letzte Nachricht gebracht hat. Er gehorcht Gott allein; er gebietet Königen und Kalifen, Gespenstern und Riesen und sie alle folgen ihm ergeben ins Ungewisse. Maliki ist der Wächter des Feuers, in dem die sündigen Seelen, die Hochmütigen und die Heiden schmoren. Sein Gesicht ist schrecklich anzusehen. Er wurde geschaffen aus den glühenden Wolken, die entstanden sind als Gott zornig war.

Rituani ist der Wächter des Paradies. Er öffnet dessen sieben Tore, wann immer Gott es befiehlt, und tausend angenehme Gerüche verbreiten sich über die Erde. Viele andere Engel leben im Himmel, mehr als wir uns vorstellen können. Es gibt einen Engel mit tausend Köpfen. Jeder Kopf hat tausend Münder und jeder verkündet die Ehre Gottes.

Es gibt einen anderen Engel, dessen rechte Hälfte ist Feuer und dessen linke Hälfte ist Schnee; der Schnee löscht das Feuer nicht aus, noch läßt das Feuer den Schnee schmelzen. Nach SEINEM Willen können zwei so gegensätzliche Elemente nebeneinander bestehen. Auf gleiche Weise kann er bewirken, daß Feinde sich versöhnen.

Es gibt auch einen Hahn im Himmel. Mit den Füßen steht er im Erdgeschoß des Paradieses, sein Kopf ragt über den siebten Stock heraus. Seine Aufgabe ist es, genau in dem Augenblick zu krähen, den Gott für das Morgengebet vorbestimmt hat. Jeden Morgen vor Sonnenaufgang kräht er laut, schlägt mit seinen Flügeln und alle Engel im Himmel versammeln sich zu ihrem Morgengebet. Sein freudvolles »Kuku-likuru« können alle Hähne auf Erden hören. Sie antworten darauf und machen sich so gegenseitig Mut. Dies ist das Zeichen für die Menschen, sich von den Lagerstätten zu erheben und sich zum ersten Gebet am Tag bereit zu machen.

2. Wie der Mensch geschaffen wurde

Gott machte, daß die Nacht den Tag einhüllt, und so wird ein Zeichen gesetzt, daß die Zeit fortschreitet.
Eines Tages rief ER all SEINE Engel zusammen. Sie erschienen vor SEINEM Thron und verrichteten ihr Morgengebet. Da sprach der Herr:
»Es hat MIR gefallen, ein Wesen zu schaffen, das Verstand haben wird wie ihr, aber es wird aus Lehm bestehen. Ich werde es aus Erde formen, und auf Erden wird es leben. Es wird Vieh züchten und die Felder bestellen, es wird lernen über den gefährlichen Ozean zu fahren und silberne Fische in Netzen zu fangen. Es wird Besitz ergreifen von all MEINEN Geschöpfen auf Erden. Es wird sie regieren. Es wird meine Gesetze befolgen, es wird mein Diener sein. Seine Kinder werden sich über die Erde hin ausbreiten, so zahlreich wie Ameisen, und sie werden MICH anbeten.«
Den Engeln wurde gestattet dazu ihre Meinung zu äußern. Ihre wichtigste Eigenschaft ist ihr Vorstellungsvermögen. Durch ihr strahlendes Bewußtsein können sie vorhersehen, was geschehen wird. Sie sind selbst aus der Substanz des reinen Lichtes gemacht. Ihre Durchsichtigkeit läßt sie ehrlich sein. Sie haben keine Gesichter, hinter denen sie das Böse verbergen können. Sie sind rein und ohne Sünde. Sie erahnen die Leiden aller Kreaturen und die Wünsche ihres Meisters. Ihre Reinheit macht sie auch uneigennützig. Ihre durchsichtigen Gehirne brüten keinen Egoismus aus. Sie sind wunschlos, und kein Verlangen kommt auf in ihrer Seele.
Aber wie soll der Mensch nun aussehen? Sein Körper wird unförmig sein. Voller Gelüste wie sie Hunde und Schweine haben. Er wird sich fortpflanzen wollen und

vermehren, er wird kämpfen und töten wollen. Er wird nicht durchsichtig sein, wie die Sonnenstrahlen am Morgen. Er wird dunstig sein, wie düstere Regenwolken. Außer Gier und Grausamkeit werden Dummheit und Unehrlichkeit in ihm sein, sein Gehirn aus Lehm wird unbeweglich und stumpf sein. Sein Denken und Trachten wird mehr sinnlich als vernünftig sein. Zögernd nur wird er sich in das Notwendige schicken. Er wird seinen Stolz haben. Er wird seinen Haß und seine Lust hinter einem steinigen Schädel verbergen. Er wird lieber nach dem trachten, was seine Sinne wünschen, als seinem Schöpfer Loblieder zu singen. In seiner Befangenheit des Denkens wird er die Probleme nicht lösen, sondern alles noch komplizierter machen. In seinem Mangel an Ehrlichkeit wird er vieles zu verbergen trachten und es abermals schwieriger werden lassen. Klares Denken ist die Frucht von Ehrlichkeit. Seine Gier wird ihn veranlassen, Früchte und Frauen aus dem Garten seines Nachbarn zu stehlen, Eifersucht wird in seinem Bewußtsein entflammen, er wird meinen, er könne Ruhm gewinnen, wenn er Gottes Erde erobert. Er wird Freude am töten finden. Die verständigen Engel sahen schon schwarze Rauchwolken über die Erde ziehen, die wildwütigen Feuer des Krieges.

Aber der Herr sprach zu ihnen:

»Fürchtet euch nicht. ICH werde tun, was ICH will. Ich weiß, was ICH weiß. ICH habe eine Absicht, die sich erst in tausenden von Jahren herausstellen wird. Dann werdet ihr erkennen, warum der Mensch geschaffen werden mußte.«

Die Engel sagten nichts mehr, sondern stimmten Lieder an, mit denen sie Gottes Weisheit priesen.

Da nahm Gott etwas feuchten Ton, einen Klumpen grau, und knetete aus ihm die Gestalt eines Mannes. Adam (das heißt Erde) war fertig; es fehlte ihm nur an einem: an Leben. Gott sprach das Wort nur aus und schon war Adam davon erfüllt. Leben pulsierte durch Adams

Adern und schon bekam seine Haut Farbe. Blut floß durch seine Arme und Beine, und er konnte sich bewegen. Wärme rann durch seine Muskeln und die ersten Funken eines Gedanken glühten auf seinem düsteren Hirn. Adam schauderte; seine Wimpern zuckten. Er öffnete seine Lider und es sah aus, als werde der Deckel einer Kiste voller Juwelen aufgeklappt. Die Engel hielten den Atem an als sie diesen stattlichen Burschen sahen, der seine kristallklaren Augen aufschlug, um das Sonnenlicht in sich einzulassen. Adam öffnete seinen Mund, holte Atem, seine Zunge bewegte sich, und er lobte seinen Schöpfer.

Die Engel waren sehr erstaunt, als sie sahen, daß diese Kreatur aus Lehm vernünftig und ergeben reden konnte. Sie bewunderten diese schöne neue Schöpfung und alle gehorchten sie ihrem Herrn, als ER ihnen befahl sich vor Adam zu verneigen und ihn anzubeten. Alle, außer einem![12]

Schwarze Genesis
Dogon / Afrika

Jemandem, der in der abendländischen Welt aufgewachsen ist und lebt, fällt schwer, sich andere Schöpfungsberichte als jene vorzustellen, die wir aus der Bibel kennen oder die uns durch die wissenschaftlichen Erkenntnisse der Naturwissenschaften nahegebracht werden. Auch bei dem Schöpfungsbericht der Suaheli wird klar, daß er vom jüdisch-christlichen Schöpfungsbericht abgeleitet worden ist.

Ein verblüffend anderes, in sich aber völlig plausibles Bild eines Schöpfungsgeschehens wurde in der westlichen Welt nach der Rückkehr des französischen Ethnologen, Marcel Griaule (1898–1956) von einer Expeditionsreise von Dakar nach Djibouti bekannt, wo er in der bizarren Felslandschaft Afrikas das Volk der Dogon besucht hatte. Es war Griaule gelungen, das Vertrauen des blinden Mythenerzählers Ogotemmeli zu gewinnen, der ihm 1946 in einer 33 Tage währenden Erzählsitzung einen afrikanischen Schöpfungsbericht gab, den Griaule unter dem Titel »Dieu d'Eau« (»Schwarze Genesis«) 1948 veröffentlichte.

Auch hier nimmt die Schöpfung zwar ihren Anfang mit einem männlichen Gott, einem einzigen Gott, einem *Deus faber*, aber von Anfang an hat dieser Gott auch Schwierigkeiten mit seiner Schöpfung.

Ogotemmeli setzte sich auf seine Schwelle, schabte an seinem Tabakbeutel aus festem Leder und streute sich einen gelben Staub auf die Zunge:

»Der Tabak«, sagte er, »gibt den rechten Geist.«

Und er begann das Weltsystem auseinanderzunehmen.

Denn man mußte mit dem Frührot der Dinge anfangen.

Als unwichtige Einzelheit überging Ogotemmeli die Bildung der vierzehn Sonnensysteme, von denen das Volk spricht, und die sich wie flache, kreisförmige Erdscheiben hügelförmig übereinanderschichten. Er wollte nur vom nützlichen Sonnensystem sprechen. Er bezog jedoch auch die Sterne in seine Betrachtung ein, obgleich sie nur eine zweitrangige Rolle spielten.

»Es ist wahr«, sagte er, »daß in der Folge der Zeiten, die Frauen die Sterne abhingen, um sie ihren Kindern zu geben. Die Kinder durchbohrten sie mit einer Spindel und setzten diese Feuerkreisel in Drehung, um sich zu vergegenwärtigen, wie die Welt funktioniert. Aber das ist nur ein Spiel.«

Die Sterne stammen aus den Erdklumpen, die der Gott Amma, der einzige Gott, in den Raum schleuderte. Er hatte Sonne und Mond geschaffen in einer recht komplizierten Technik, die nicht die erste war, die den Menschen bekannt wurde, aber die erste, die von Gott bezeugt wird: die Töpferei. Die Sonne ist in gewissem Sinn ein Tongeschirr in Weiß, ein für allemal von einer Spirale aus rotem Kupfer in acht Windungen umgeben. Der

Mond hat die gleiche Form, doch ist sein Kupfer weiß. Er wird nur viertelweise erhitzt. Der Raum der Welt sollte nur in großem Umriß erscheinen, denn Ogotemmeli wollte von den Darstellern selbst sprechen.

Trotzdem wollte er einen Begriff von der Größe der Sonne vermitteln.

»Manche Leute«, sagte er, »schätzen die Sonne so groß wie die Karawanserei, und das wären dreißig Ellen. In Wirklichkeit ist sie viel größer. Sie ist viel größer als das gesamte Sangagebiet.

»Und nachdem er einen Augenblick gezögert hatte, fügte er hinzu:

»Und sie ist vielleicht noch viel, viel größer.«

Was die Ausmaße des Mondes betrifft, so wollte er sich damit nicht aufhalten. Er gab sie nie. Der Mond spielte nur eine mittlere Rolle. Man würde darauf zurückkommen. Er deutete jedoch an, während die Schwarzen Geschöpfe des Lichts seien, die bei vollem Sonnenlicht entstanden, seien die Weißen bei Mondschein geschaffen worden und hätten daher ihr larvenartiges Aussehen.

Als er dies sagte, spie Ogotemmeli seinen Tabak aus. Er hatte nichts gegen die Weißen. Er sagte auch nicht, daß er sie bedauere. Er überließ sie ihrem Schicksal in ihren nördlichen Ländern.

Der Gott Amma hatte also einen Lehmkloß genommen. Er drückte ihn in seiner Hand zusammen und schleuderte ihn in den Raum, wie er es mit den Sternen getan hatte. Der Lehm dehnt sich aus, wächst im Norden, der oben ist, verlängert sich im Süden, der unten ist, obwohl sich das alles in der Horizontalen abspielt. »Die Erde liegt, aber der Norden ist oben.«

Sie streckt sich nach Osten und nach Westen und löst ihre Glieder wie ein Embryo in der Gebärmutter. Sie ist ein Leib, das heißt ein Ding, dessen Glieder sich von der Zentralmasse gelöst haben. Und dieser Leib ist ein Weib, von Norden nach Süden gerichtet, flach hingelegt, das Gesicht zum Himmel. Ihr Geschlecht ist ein Ameisenhügel, ihre Klitoris ein Termitenbau. Amma, der allein ist und sich mit diesem Geschöpf vereinigen will, nähert sich ihr.

Auf diese Weise kam die erste Unordnung ins Universum.

Ogotemmeli verstummte. Die Hände über dem Kopf gekreuzt, lauschte er nach den verschiedenen Geräuschen des Hofes und der Terrasse. Er war beim Ursprung der Schwierigkeiten, beim Urmißgeschick Gottes.

»Wenn man mich hören würde, müßte ich einen Ochsen als Buße zahlen.«

In dem Augenblick, da Gott sich nähert, richtet sich der Termitenbau auf, sperrt den Eingang und zeigt seine Männlichkeit. Sie gleicht dem fremden Geschlecht und die Vereinigung kann nicht stattfinden.

Aber Gott ist allmächtig. Er schlägt den Termitenbau ab und vereinigt sich mit der beschnittenen Erde. Dieses Urereignis jedoch sollte für immer den Lauf der Dinge bestimmen: Aus der fehlerhaften Vereinigung wurde statt der erwarteten Zwillinge ein einziges Wesen geboren: der Thos Aureus, der Schakal, das Symbol der Schwierigkeiten Gottes.[13]

Die Weltordnung und die Ordnung der Welten
Nordamerika

Das Walam-Olum oder Rote Buch ist eine Folge kürzelhafter Zeichnungen der Delaware-Indianer, zu denen wahrscheinlich erst später eine Kosmologie hinzugefügt worden ist. Die Zeichen, die sich häufig nur geringfügig von einander unterscheiden, stellen eine kontinuierliche

Kette von Metamorphosen dar und bilden so etwas wie eine grundlegende Grammatik der Formen.[14]

1. Zu Anfang aller Zeiten, über der Erde an dieser Stelle ...

2. Über der Erde lag ein gewaltiger Nebel, und darin befand sich der Große Manito

3. Im Anfang, für immer, verloren im Raum, war der Große Manito

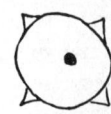

4. Er machte eine gewaltige Erde und den Himmel

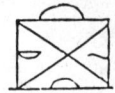

5. Er machte die Sonne, den Mond und die Sterne

6. Er machte, daß alles sich in Harmonie bewegt

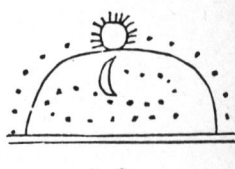

7. Dann begann der Wind heftig zu wehen, es wurde heller, die Wasser flossen schneller und von weit her

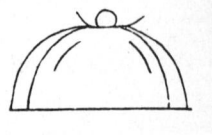

8. Und Gruppen von Inseln erhoben sich aus dem Wasser und blieben sichtbar

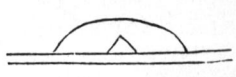

9. Wieder sprach der Große Manito, ein Manito zu anderen Manitos

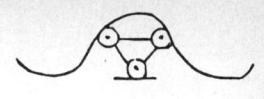

10. Zu den sterblichen Wesen, den Geistern und allem

11. Und danach war er der Manito der Menschen und ihr Großvater

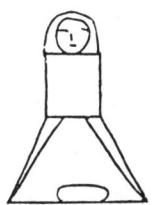

12. Er schickte die erste Mutter, die Mutter alle Geschöpfe

13. Er schickte Fisch, er schickte Schildkröten, er schickte wilde Tiere, er schickte Vögel

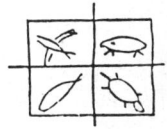

14. Aber ein böser Manito machte nur böse Geschöpfe, wie Monster

15. Er machte Fliegen, er schuf
    Moskitos

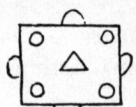

16. Alle Geschöpfe waren
    freundlich zu einander in
    dieser Zeit

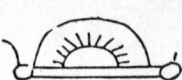

17. Wahrlich, die Manitos wa-
    ren tätig und bedachtsam.

18. All die ersten Menschen
    und die ersten Mütter von
    allen Geschöpfen: sie fan-
    den sie hilfreich

19. Denn die Manitos gaben
    ihnen zu essen, wenn sie
    etwas brauchten

20. Alle besaßen freudvolles
    Wissen, alle hatten
    genügend Zeit und waren
    glücklich

21. Doch ganz im geheimen
    erschien auf der Erde ein
    böses Wesen, ein mächtiger
    Zauberer

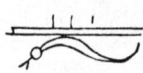

22. Und er brachte mit sich
    Leid, Streit und Unglück

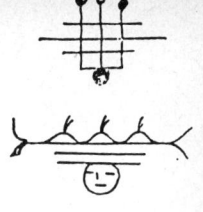

23. Er brachte schlechtes Wet-
    ter, brachte Krankheit und
    Tod

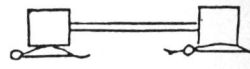

24. Und all dies geschah einst
    auf der Erde vor der Sintflut
    im Anfang

III.
Von oben nach unten –
von unten nach oben

Vorbemerkung:
Besonderheiten amerikanischer Schöpfungsmythen

Immer wieder, wenn man sich mit Schöpfungsmythen oder Märchen beschäftigt, stellt sich die Frage, ob die Geschichten verschiedener Völker und Kontinente in einem Zusammenhang miteinander stehen. Ob es für ein Motiv einen bestimmten Ausgangspunkt gibt, von dem es sich über den Teil eines Kontinents oder gar über Kontinente hinweg ausgebreitet hat? Eine endgültige Antwort auf diese Frage ist bisher nicht gefunden worden, weder im positiven, noch im negativen Sinn, obwohl es immer wieder Versuche und Ansätze dieser Art gegeben hat.

Wenn das folgende Kapitel ausschließlich Schöpfungsmythen der Indianer enthält, so deshalb, weil in ihnen häufig ein bestimmter Handlungsverlauf auftaucht, der zwar in anderen Kontinenten, beispielsweise in Afrika gelegentlich auch anzutreffen ist, aber kaum in solcher Eindeutigkeit wie in Amerika. Fast immer wird die Schöpfung bei den Indianern als ein Entwicklungsprozeß geschildert, der vom Himmel auf die Erde hinab (von oben nach unten) oder von einer Unterwelt in eine Oberwelt (von unten nach oben) verläuft. Die Häufung solcher Geschichten legt die Frage nach einem realen Kern der Mythe nahe. Man hat darüber spekuliert, ob dieses Muster des *Von-oben-nach-unten* und *Von-unten-nach-oben* mit der Einwanderung der Indianer über eine zwischen Asien und Amerika bestehende Landbrücke im dritten Jahrtausend vor Chr. oder sogar noch früher zusammenhängen könnte.

Da gibt es eine Mythe der Quiche Maya, in der ein in dieser Hinsicht einleuchtendes Bild auftaucht. Erzählt wird, daß das Wasser sich teilte, und die Menschen auf Trittsteinen das Meer überquerten. Die Vermutung, die beiden Motive könnten mit der Erfahrung der Einwanderung über eine Landbrücke aus einem anderen Kontinent zusammenhängen, wird auch unter anderem dadurch bestärkt, daß die Geschichte von einem nach Erde tauchenden Vogel oder anderem Tier sowohl über ganz Ostasien hin und wie auch in Nordamerika verbreitet ist. Sie beginnt nicht selten mit dem Satz »Im Anfang war nur Wasser«.

Diese Vorstellung steht aber auch am Anfang mehrerer babylonischer Schöpfungsmythen. Das macht es wiederum schwieriger, dieses Motiv zur Stützung der »Landbrückentheorie« heranzuziehen, weil es sich vielleicht dabei um die mythologische Beschreibung eines Zustandes handelt, der »im Anfang« in sehr verschiedenen Teilen der Erde geherrscht und die Menschen besonders beeindruckt haben könnte.

Als sicher betrachtet werden kann aber, daß solche Mythen von Stammesgruppen und Völkern erfunden worden sind, die nahe an einer großen Wasserfläche wohnten.

Die Vögel oder anderen Tiere, die gewissermaßen zu Werkzeugen der Schöpfung werden, sind plötzlich da, ohne daß weiter erklärt würde, wie sie entstanden sind oder woher sie kommen. Sie tauchen auf den Grund des Wassers und bringen etwas Erde im Schnabel mit herauf, aus der dann die Welt der Menschen gemacht wird. Immer ist da aber auch ein Wesen, das dem Taucher Befehle erteilt und später für die Ausgestaltung der Welt Anweisungen gibt. In Asien, über das viele Religionen dahingegangen sind, kann es Gott sein. In Amerika kommt das Wesen aus dem Nichts, wie jene Tiere, die das Fundament der Welt errichten. Dieses Wesen wird manchmal »der Großen Geist« genannt. Manchmal treten auch zwei Schöpfer-Wesen auf, die einander befehden.

Solche Vorstellungen von der Schöpfung sind vor allem bei Jäger- und Sammler-Völkern anzutreffen, in Nordamerika beispielsweise bei den Stämmen um die Großen Seen. Oft ruht die Erde auf dem Wasser, unterteilt in aufeinander geschichteten Scheiben, von denen jede eine Welt für sich darstellt.

Die Pawnee kennen neun solcher Welten, aber die Tschuktschen in Sibirien sogar siebenunddreißig. Eine Mittelachse, an der Inspirierte den Weg von der einen Welt in die andere findet, wird häufig erwähnt. Sie erinnert an die asiatischen Schamanen, die in Trance über einen solchen Baum aus der realen Welt in die Traumzeit ihrer Visionen aussteigen. Andererseits wäre darauf hinzuweisen, daß auch dies offenbar ein nicht nur auf einen bestimmten, oder auf benachbarte Kontinente bezogenes Mythenbild ist. (Man denke an den Weltenbaum in Mesopotamien und an den Baum Yggdrasil in der nordischen Mythologie.)

Zwei Brüder oder Gefährten, die das Wünschenswerte und das Gefürchtete verkörpern, tauchen in vielen Variationen in Sibirien wie in Amerika auf. Die Erde muß manchmal durch Singen und Tanzen geschaffen werden, wie das in der Mythe der Miwok Indianer aus Kalifornien der Fall ist. In vielen Geschichten formen Tierwesen nicht nur die Erde mit ihren Ebenen und Tälern, sondern sie bestimmen auch die Länge der Tage und Nächte und die Jahreszeiten. So sagen die Navahos, dies alles sei bei einem Wettspiel festgelegt worden. Häufiger noch werden solche Festlegungen durch eine phantastische Figur getroffen, deren Entstehung sich nur durch ein mythisches Bewußtsein erklären läßt. Dieses Mensch-Tierwesen hat Kräfte, die ihn fast zu einem Weltenschöpfer werden lassen. In einigen Geschichten hilft es den Menschen dazu, daß aus der Ur-Wildnis bewohnbares Land wird. Deswegen hat man ihn auch als »Kulturbringer« bezeichnet.

Auf den Hochebenen Nordamerikas ist das der gierige Nerz, an den Großen Seen zwischen dem heutigen Kanada und den USA ist es Manabozos, das Vorbild zu Hiawatha, im Nordwesten kann es der Rabe oder der Eichelhäher sein; in den Grossen Ebenen der Alten Spinnenmann oder der Koyjote; im Nordosten ist es der arktische Hase.

Man stößt auch oft auf die Vorstellung, daß sich dieses Schöpferwesen selbst hervorgebracht habe. So etwa Awonnawilona bei den Zuñi im Südwesten der USA.*

In anderen Mythen erscheint das erste Menschenpaar eingeschlossen in einem Ei. Als es herausgestiegen ist, sagt das weibliche Wesen: »Ich bin diejenige, die flach und ausgedehnt ist (die Erde). Während der männliche Teil erklärt: »Ich bin, der sich ausspannt darüber.« (Himmel) Das erinnert an die altchinesischen Prinzipien von Yin und Yang.

Aber es gibt, wenn man von den Namen und Handlungsabläufen ausgeht, auch ganz andere, erstaunliche Verbindungen, die nicht nur nach Asien verweisen. So klingen viele der Geschichten um den Trickster (häufig tritt er in der Gestalt des Kojoten auf) wie Abwandlungen der griechischen Mythen um Hermes. Andere indianische Mythen haben eine verblüffende Ähnlich-

---

* Siehe dazu: Frederik Hetmann, *Der Tanz der Gefiederten Schlange*, Fischer Taschenbuch Verlag, Frankfurt am Main 1985, Band-Nr. 2848, S. 24

keit mit denen von Orpheus und Persephone. Der Kojote, der Rabe oder der Hase als Überbringer des Feuers erinnern an Prometheus.

Eine zunächst verrückt klingende, aber in ihrer Begründung dann auch wieder überzeugende Argumente enthaltende Theorie hat der amerikanische Wissenschaftler Prof. Hugh Fox aufgestellt. Er versucht nachzuweisen, daß der Argonautenzug bis nach Südamerika geführt hat.

Der legendäre Gründer des Sonnenreiches der Inca heißt Voracocha. Das Sanskritwort »vir« bedeutet Held, das Quechuawort »Cocha« ist mit »See« zu übersetzen. Colcha, anklingend an Colchis, heißt noch heute in Peru und Ecuador »Fluß«. Fuhren also die Kolchier zum Titicacasee nach Bolivien, dem legendären Ursprungsort der Inkas, wo sich noch heute die Ruinen einer Stadt finden, deren Name in mykenisches Griechisch übersetzt »Heim des Jungen Gottes« heißen würde?[1]

Man sieht: Schöpfungsmythen und -geschichten können der Schlüssel zu abenteuerlichen Hypothesen sein. Man kann sie aber auch lesen als poetische Berichte über das Werden eines Volkes oder Stammes, als Nachricht darüber, welche Dinge von Anfang an den Menschen immer wichtig waren.

Vater Rabe
Mythe
der Apatac-Eskimos

Die Menschen mögen nicht denken, sie mögen nicht arbeiten mit Dingen, die man nicht anfassen kann. Das ist vielleicht der Grund, warum wir so wenig über Himmel und Erde und den Ursprung von Menschen und Tieren wissen. Dunkelheit liegt über dem Anfang und über dem Ende. Wie können wir etwas über das geheimnisvollste wissen, das uns umgibt, das uns am Leben hält, über das, was wir Luft, Himmel und See nennen, über das, was wir menschlich nennen, und über all die Wohnplätze von Tieren und Fischen in Meeren und Seen?

Niemand weiß etwas bestimmtes über den Anfang des

Lebens, aber, wer seine Augen und Ohren aufmacht, wer sich zu erinnern versucht, was die alten Leute sagten, kann vielleicht die Leere in seinem Denken durch dieses oder jenes Wissen auffüllen.

Deswegen hören wir gern Leuten zu, die uns von den Erfahrungen vorangegangener Generationen berichten. In diesen alten Geschichten, die sich unsere Vorväter erzählen, sprechen die Toten zu uns. Wir können immer noch auf diese Weise mit all den vielen Menschen reden, die früher etwas gewußt haben. Allerdings gibt es nur wenige die dererlei weitererzählen. Meine Großmutter wußte eine Menge erstaunlicher Dinge, und von ihr weiß ich, was ich euch erzähle:

Der Himmel entstand vor der Erde, aber eigentlich war er nicht älter als diese, denn als er entstand, bildete sich auch schon die Erde. Sie hatte bereits eine feste Kruste, ehe da so etwas wie Land war, und ehe die ersten Wesen erschienen, über die wir etwas wissen. Das allererste Wesen, das wir kennen, war Vater Rabe. Er schuf alles. Die Erde auf der Welt, die Menschen. Er ist der Ursprung von allem.

Er war kein gewöhnlicher Vogel, sondern eine heilige Lebenskraft, die in allem und jedem auf dieser Welt, in der wir leben, vorhanden ist. Aber auch er begann in der Gestalt eines menschlichen Wesens. Stellt euch Vater Rabe nicht als einen Raben vor. Er konnte sich nur eben in einen Raben verwandeln. Er tappte im Dunkeln herum, und all seine Taten waren völlig zufällig, bis ihm dann bewußt wurde, wer er war, und was er tun konnte. Er saß zusammengekauert in der Dunkelheit, als er plötzlich aufwachte und sich selbst entdeckte. Er wußte nicht, wer er war, oder wie er erschaffen worden war, aber er atmete, er lebte. Alles um ihn war Dunkelheit, und er konnte nichts sehen. Er tastete mit seinen Händen um sich. Er berührte Gegenstände. Seine Finger griffen immer in Lehm, wohin er sie auch ausstreckte. Die Erde war Lehm, alles um ihn herum war toter Lehm. Er ließ seine Finger über den Lehm gleiten, und dann entdeckte er sein Gesicht, und er fühlte, daß er eine Nase, Augen und einen Mund hatte; auch Arme und Beine, wie wir sie haben. Er war ein menschliches Wesen, ein Mensch. Über seiner Stirn fühlte er eine kleine harte Erhebung. Aber er wußte nicht, warum sie dort war. Er hatte keine Vorstellung davon, daß er einst ein Rabe werden würde, und daß aus dem kleinen Knoten dort, ein Schnabel wachsen sollte. Er versank in Nachdenken.

Nun, plötzlich begriff er, daß er ein freies Wesen war, etwas Unabhängiges, nicht verbunden mit seiner Umgebung. Er kroch über den Lehm, er wollte herausfinden, wo er war. Plötzlich griffen seine Hände in leeren Raum vor ihm. Da wußte er, daß er nicht weiter gehen konnte. Er brach ein bißchen Lehm ab und warf es in die Tiefe. Er horchte, weil er hören wollte, wann es am Boden aufschlug, aber er hörte nichts, und so bewegte er sich vom Abgrund fort. Er fand einen festen Gegenstand und begrub ihn unter dem Lehm. Er wußte nicht, warum er das tat, aber er tat es. Und dann saß er da, dachte nach und fragte sich, was wohl alles in der tiefen Dunkelheit verborgen liegen mochte, die ihn umgab. Dann hörte er ein Geräusch in der Luft und ein sehr kleines, leichtes Geschöpf ließ sich auf seiner Hand nieder. Er berührte es mit der anderen Hand. Er spürte, daß es einen Schnabel und Flügel hatte, warme, weiche Federn auf dem Leib und winzige, nackte Füße. Es war ein kleiner Spatz, und er begriff, daß dieser Spatz schon vor ihm da gewesen war, daß er aus der Dunkelheit zu ihm gekommen war, daß er um ihn herum gehüpft war, und daß er ihn nicht bemerkt hatte, bis er ihn berührte.

Da dieser Mensch sich nach der Begegnung mit anderen Wesen sehnte, wurde er kühner und kroch mutiger über die Erde. So näherte er sich wieder der Stelle, wo er vorher etwas begraben hatte. Es hatte Wurzeln geschlagen und war lebendig geworden. Ein Busch war aufgewachsen. Der nackte Lehm war jetzt mit Büschen und Gräsern bewachsen, aber der Mensch fühlte sich immer noch einsam, und so formte er aus Lehm eine Figur, die ihm im Aussehen ähnlich war. Er kauerte sich hin und wartete. Sobald das neue menschliche Wesen lebendig wurde, begann es mit seinen Händen im Erdreich zu scharren. Es hatte keinen Frieden, ruhelos grub es in der Erde herum, und er entdeckte, daß dieses andere menschliche Wesen offenbar völlig andere Regungen und Wünsche hatte als er selbst. Es schien tatendurstig von raschem Temperament und gewalttätig. Er mochte es nicht, und deshalb griff er es sich, zerrte es zum Abgrund und stieß es herab. Dieses Wesen, so sagt man, wurde später Tornaq, der böse Geist, von dem alle bösen Geister auf Erden abstammen. Dann kroch der Mensch zu dem Baum zurück, den er gepflanzt hatte und siehe, da standen andere Bäume. Baum neben Baum stand dort. Es war ein Wald geworden mit fruchtbarem Erdreich, und Pflanzen wuchsen auf. Er berührte sie alle mit seinen Händen, ertastete ihre Formen und nahm ihre Gerüche wahr, aber er konnte sie nicht sehen. Er fühlte sich so dazu gedrängt, mehr über die Erde zu wissen, die er selbst erschaffen hatte. Er kroch umher, und der kleine Spatz flatterte immer über seinem Kopf. Er konnte ihn nicht sehen, aber er hörte seinen Flügelschlag und manchmal ließ sich der Vogel auf seiner Hand nieder. Der Mensch bewegte sich weiter auf allen Vieren. Überall fand er Wasser. So entdeckte er, daß er auf einer Insel zu sein schien. Nun wollte er wissen, was unten im Abgrund sei. Da bat er den kleinen Spatz hinabzufliegen, und es für ihn herauszufinden.

Der Vogel flog fort und blieb lange weg, und als er zurückkam, sagte er, auf dem Boden des Abgrundes sei Land. Der Mensch beschloß, dort hinabzusteigen und hieß den Vogel sich auf seine Knie setzen. Dann überlegte er sich, wie sich der Spatz mit seinen Flügeln in der Luft halten könne. Er nahm Zweige aus dem Wald, die wie Flügel aussahen und legte sie sich an die Schultern und die Zweige verwandelten sich in richtige Schwingen. Am Leib wuchsen ihm Federn, und der Knoten an seiner Stirn wurde zu einem Schnabel. Nun stellte der Mensch fest, daß er wie ein Spatz fliegen konnte und zusammen flogen sie fort. Der Mensch krächzte »Gowk!« »Gowks!«. Er war ein großer schwarzer Vogel geworden und nannte sich selbst »Rabe«.

Das Land, aus dem sie kamen, hieß Himmel. Es lag soweit oben, wie heutzutage der Himmel von der Erde entfernt ist, so daß, als sie auf dem Boden ankamen, sie völlig erschöpft waren. Hier war alles wüst und öde, und wieder pflanzte er Bäume und Gräser, wie er das auch schon im Himmel getan hatte, und er flog umher und nannte sein neues Land »Erde«. Dann, um die Erde zu bevölkern, erschuf er menschliche Wesen. Einige machte er aus Lehm auf dieselbe Weise wie er das erste Wesen im Himmel gemacht hatte, aber andere sagen, daß er sie durch Zufall erschuf, was ja noch merkwürdiger wäre, als wenn er sich mit Absicht und Anstrengung erschaffen hätte.

Vater Rabe ging umher und pflanzte Kräuter und Blumen. Irgendwo entdeckte er ein paar Schoten. Er sah sie an, öffnete eine und ein menschliches Wesen sprang heraus – schön und schon erwachsen, und der Rabe war so begeistert, daß er seine Vogelmaske zurückschob, und in seiner Aufregung wurde er selbst auch wieder ein menschliches Wesen. Er ging lachend zu dem neugeborenen Menschen und sprach: »Wer bist du und wo kommst du her?« Der Mensch sagt: »Ich komme aus dieser Schote«, und er wies auf das Loch, durch das er gekommen war. »Ich wollte nicht mehr da drinnen liegen, da stieß ich mit meiner großen Zehe gegen das Loch, es wurde größer und größer und schließlich konnte ich herausspringen.« Da lachte Vater Rabe herzhaft und sprach: »Nun, du bist ein merkwürdiges Geschöpf. So etwas wie dich habe ich nicht zuvor gesehen!« Dann lachte er abermals und fügte hinzu: »Ich selbst habe diese Schote gepflanzt, aber ich wußte freilich nicht, was aus ihr werden würde. Aber die Erde, auf der wir stehen, ist noch nicht fertig. Spürst du, wie sie sich noch bewegt? Wir sollten höher hinaufgehen, wo die Kruste schon härter ist. Und so entstand der erste Mensch, und später erschuf Vater Rabe all die anderen Wesen.[2]

Die Frau, die vom Himmel fiel
Seneca-Indianer / Nordamerika

Vor langer Zeit lebten die Menschen noch im Himmel. Sie hatten einen großen und berühmten Häuptling.

Da geschah es, daß die Häuptlingstochter sehr krank wurde. Alle Leute hatten Angst um sie. Jedes Mittel wurde angewandt, aber keines half. Nun wuchs neben der Wohnung des Häuptlings ein großer Baum, der jedes Jahr die Früchte für die Nahrung trug. Einer der Freunde des Häuptlings hatte einen Traum. Darin wurde er angewiesen, er möge dem Häuptling sagen, wenn seine Tochter gesund werden wolle, solle sie sich neben den Baum legen, und dann müsse man den Baum fällen. Dieser Rat wurde genau befolgt. Während die Leute an der Arbeit waren und die junge Frau dort lag, kam ein Mann vorbei. Er war sehr zornig und sagte:

»Das ist nicht recht, daß dieser Baum umgelegt werden soll. Auf ihm wachsen die Früchte, von denen wir alle leben.«

Und nach diesen Worten versetzte er der jungen Frau einen Fußtritt, so daß sie in das Loch fiel, das man neben dem Baum gegraben hatte. Nun, das Loch öffnete sich nach unten. Darunter aber war nichts als Wasser, auf dem Wasservögel verschiedenster Art lebten. Es gab damals noch kein Land. Der Zufall wollte es, daß die Wasservögel die junge Frau herabstürzen sahen. Da riefen sie:

»Kommt, wir wollen sie auffangen!«

Daraufhin drängten sich einige von ihnen ganz dicht zusammen, und die junge Frau fiel auf eine Plattform, die die Vögel mit ihren Körpern gebildet hatten. Als sie nun müde wurden, fragten sie: »Wer meldet sich freiwillig, um für die Frau zu sorgen?«

Die große Schildkröte nahm sich ihrer an, aber nach einiger Zeit fragte auch sie danach, ob sie nicht ein anderes Tier ablösen könne. Die Tiere überlegten, wie für die Frau ein ständiger Ruheplatz auf dieser Erde zu schaffen wäre. Man kam überein, eine Insel zu errichten. Dazu tauchten die Tiere auf den Meeresboden herab, brachten von dort Schlamm und Steine mit und legten beides auf den breiten festen Panzer der Schildkröte, wo mehr und mehr Land entstand, wie notwendig war, damit alle Geschöpfe, die wir heute kennen, dort leben konnten. Und als genug Erde und Steine da waren, schwamm die Schildkröte, ihrer schweren Last ledig, endlich davon.

Die Frau aber, die vom Himmel gefallen war, baute sich eine Hütte und brachte nach geraumer Zeit ein Mädchen zur Welt. Als die Tochter zu einer jungen Frau herangewachsen war, pflegten Mutter und Tochter zusammen aufs Feld zu gehen, um wilde Kartoffeln zu suchen. Die Mutter sagte dem Mädchen immer, sie solle dabei stets nach Westen schauen. Es dauerte nicht lange, da stellte sich heraus, daß die Tochter schwanger war. Ihre Mutter schimpfte mit ihr und sagte, sie habe sich gewiß nicht an die Anweisung gehalten, beim Kartoffelsuchen stets in die bewußte Richtung zu schauen. Wahrscheinlich habe sie vom Atem des Windes ein Kind empfangen.

Als nun ihre Niederkunft herankam, hörte sie Zwillinge in ihrem Bauch darüber streiten, welcher von ihnen beiden zuerst geboren werden solle. Der eine erklärte, er werde aus der Achsel seiner Mutter herauskommen, der andere sagte, er werde den Weg durch ihren Schoß nehmen. Der Erstgeborene hatte eine rötliche Hautfarbe und wurde Othag-wenda genannt, das bedeutet der Feuerstein. Der andere hatte eine helle Farbe. Ihn nannte man Djusk-aha, das bedeutet die kleine Sprosse! Die Großmutter der Zwillinge mochte die kleine Sprosse. Feuerstein aber warf sie in einen hohlen Baum in einiger Entfernung von der Hütte.

Der Junge, den die beiden Frauen behielten, wuchs sehr rasch und war bald in der Lage, sich selbst Pfeil und Bogen herzustellen. Mehrere Tage lang kam er abends immer wieder ohne Pfeil und Bogen heim. Die Frauen fragten ihn, warum er jeden Morgen sich eine neue Waffe machen müsse.

Er erzählte, es gäbe da einen Jungen in einem hohlen Baum, der ihm Pfeil und Bogen immer wegnehme. Die Großmutter erkundigte sich danach, wo der Baum stehe, und Djusk-aha beschrieb es ihr. Darauf ging sie und holte den anderen Jungen heim.

Als beide Brüder junge Männer geworden waren, sagten sie sich, es sei notwendig, die Insel zu vergrößern. Sie kamen überein auszuziehen und Wälder, Seen und andere Dinge zu erschaffen. Othag-wenda ging nach Westen, und Djusk-aha ging nach Osten. Als sie wieder zurückkamen, trafen sie bei Nacht in der Hütte zusammen und am nächsten Tag zeigten sie einander all das, was sie geschaffen hatten. Zunächst gingen sie nach Westen, um die Schöpfungen von Othag-wenda zu betrachten. Sie kamen in ein Land voller Steine und Felsenriffe! Es stellte sich heraus, daß es dort einen sehr großen Moskito gab. Djusk-aha hieß den Moskito laufen, um zu prüfen, ob das Tier auch kämpfen könne. Der Moskito rannte los. Er stach mit seinem Stachel in einen jungen Baum und ließ ihn umstürzen, worauf Djusk-aha sagte:

»So geht das nicht. So würdest du all die Wesen töten, die einmal kommen werden!« Er griff ihn sich, rieb ihn zwischen seinen Händen und ließ ihn auf diese Weise ganz klein werden; dann blies er auf den Moskito, worauf dieser fortflog. Auf diese Weise veränderte er auch einige anderen Tiere, die sein Bruder geschaffen hatte. Nachdem sie in die Hütte zurückgekehrt waren, beschlossen sie, am nächsten Tag das zu betrachten, was Djusk-aha geschaffen hatte. Als sie dann am nächsten Morgen gen Osten gingen, stellte sich heraus, das Djusk-aha eine große Anzahl von Tieren geschaffen hatte, die so fett waren, daß sie sich nicht bewegen konnten; er hatte aber auch den Zuckerahornbaum gemacht, und es eingerichtet, daß es diesen Sirup gibt. Weiterhin hatte er es so eingerichtet, daß in den Flüssen das Wasser zur Hälfte bergauf und zur anderen Hälfte bergab fließt.

Othag-wenda mißfiel, was Djusk-aha gemacht hatte. Er meinte, das Leben werde so zu einfach. Also schüttelte er die Tiere heftig durch – die Bären, das Reh und die Truthühner – da wurden sie plötzlich klein, eine Eigenschaft, die sich bei ihren Nachfahren erhielt. Er richtete es auch so ein, daß der Zuckerahorn nur noch tropfenweise süßen Saft absondert, und daß das Wasser der Flüsse nur noch in eine Richtung fließt. Nach der Besichtigung dessen, was sie geschaffen hatten, kam es zwischen den Brüdern zu einem erbitterten Streit. Sie begannen miteinander zu kämpfen, und Othag-wenda wurde schließlich von seinem Bruder totgeschlagen.[3]

Die Schöpfung des Menschen
Miwok/Kalifornien, Nordamerika

Nachdem der Kojote alle Dinge und die niederen Geschöpfe erschaffen hatte, berief er eine Sitzung ein, bei der man die Schöpfung des Menschen bereden wollte. Auf einer Lichtung im Wald setzten sich alle Tiere um den Löwen herum im Kreis zusammen. Ihm zur Rechten saß der Grizzly, dann kam der Braunbär und so weiter jedes Tier, entsprechend seines Ansehens bei den anderen, bis hin zur kleinen Maus, die links neben dem Löwen saß.

Der Löwe sprach als erster. Er erklärte, der Mensch

müsse eine kräftige Stimme haben wie er selbst, um damit die anderen Tiere zu erschrecken. Er solle ganz und gar mit Haaren bedeckt sein und gefährliche Klauen haben. Der Grizzlybär meinte, eine solche Stimme sei einfach lächerlich, das sehe man ja an seinem Nachbar, der verjage ja immer die Beute mit seinem wilden Geheul. Er sagte, der Mensch müsse gehörig stark sein, sich lautlos bewegen, aber wenn nötig auch rasch, um so seine Beute ergreifen zu können. Der Rehbock sprach, seiner Meinung nach werde der Mensch sehr komisch aussehen, wenn er nicht wie er auch auf dem Kopf ein Geweih habe. Auch er fand Gebrüll lächerlich, und er hielt es für wichtig, sich Gedanken über die Ohren und Augen des Menschen zu machen. Was die Ohren anging, so schlug er vor, sie sollten wie ein Spinnennetz sein, und die Augen sollten brennen wie Feuer. Das Gebirgsschaf protestierte; es habe nie begreifen können, zu was dieses sich verzweigende Geweih bei den Rehböcken da sei, damit bleibe man immer nur in Dickichten hängen. Habe aber der Mensch wie er Hörner, die eingerollt seien und wie ein Stein auf beiden Seiten des Kopfes säßen, werde ihm dies ein würdevolles Aussehen geben, und er werde damit viel härter stoßen können. Als nun die Reihe an den Kojoten kam, sagte er, dies alles seien die törichsten Reden, die er je gehört hätte. Ihm seien fast die Augen zugefallen vor Langeweile. Nur der Zorn über so viel Dummheit und Unverstand habe ihn munter gehalten. Was ihn angehe, so wisse er sehr genau, daß er nicht das beste Tier sei, daß man also ein Wesen schaffen müsse besser als er und die anderen. Natürlich solle der Mensch wie sie alle vier Beine, fünf Finger haben und so weiter. Eine Stimme gleich der des Löwen sei schon angebracht, der Mensch müsse ja damit nicht ständig brüllen. Auch vom Grizzlybär könnte man einiges übernehmen, beispielsweise die Form seiner Füße, die es ihm ermöglichen, aufrecht zu stehen. Er sei also dafür, dem Mensch ähnliche Füße wie die des Grizzlybären zu machen. Er habe gehört, der

Grizzly sei auch zufrieden damit, keinen Schwanz zu haben. Er wisse aus eigener Erfahrung, daß sich in den Schwanzhaaren immer nur die Fliegen niederließen. Die Augen und Ohren des Rehbockes seien recht ordentlich, vielleicht sogar besser als die seinen. Dann gebe es auch noch den Fisch. Den beneide er um seine Nacktheit, denn ihm, dem Kojoten, sei sein Haar während der längsten Zeit des Jahres eine Last. Die Klauen des Menschen sollten so lang wie beim Adler sein, damit er Dinge damit festhalten könne. Aber sie gingen doch hoffentlich alle mit ihm einig, wenn er behaupte, es gäbe kein Tier so klug wie er, der Kojote, und er wäre ihnen deshalb verbunden, wenn der Mensch in dieser Hinsicht gleiche, er also auch schlau und gerissen sein werde.

Nachdem der Kojote zu Ende gekommen war, rief der Biber, er habe nie in seinem Leben einen solchen Unsinn gehört. Keinen Schwanz! Auch der Mensch brauche einen breiten, flachen Schwanz, um damit Sand und Schlamm zu schaufeln. Die Eule tadelte die anderen Tiere. Keines habe dafür gesprochen, dem Menschen Flügel zu geben. Sie selbst würde sich ohne Flügel vollkommen nutzlos vorkommen. Der Maulwurf erwiderte, es sei einfach verrückt von Flügeln zu sprechen. Gebe man dem Menschen Flügel, werde er sich bestimmt den Kopf am Himmelsgewölbe anstoßen. Außerdem, wenn er Flügel und Augen habe, werde er immer nach oben wollen, weil da leerer Raum sei; die Flügel ihm verbrennen, sobald er der Sonne zu nahe komme; ohne Augen hingegen könne er sich unter der Erde bewegen, dort sei es kühl, weich und angenehm. Als letzte meldete sich die kleine Maus zu Wort. Sie widersprach dem Maulwurf entschieden. Der Mensch müsse natürlich Augen bekommen, rief sie, damit er sehe was er jeweils in den Mund stecke. Ihn unter der Erde Gänge graben zu lassen, das sei einfach lächerlich. Dazu habe man ja schon den Maulwurf und die Regenwürmer.

Die Tiere waren also untereinander uneinig, und die Beratung endete im wilden Streit. Der Kojote stürzte sich auf den Biber und biß ihm ein Stück Haut aus der Backe; die Eule sprang dem Kojoten auf den Kopf und fing an, ihn zu skalpieren. Es war ein fürchterliches Durcheinander. Schließlich machten sich alle Tiere daran, den Menschen gemäß ihren eigenen Vorstellungen zu bilden. Ein jeder von ihnen nahm sich einen Klumpen Lehm und schuf damit einfach ein Abbild seiner selbst. Nur der Kojote machte einen Menschen der Art, wie er ihn auf der Sitzung beschrieben hatte. Da es aber schon spät war, als er mit der Arbeit anfing, wurde es auch Nacht, ehe er zu Ende kam. Doch der schlaue Kojote blieb die ganze Nacht munter und arbeitete an seinem Modell. Als die anderen Tiere fest schliefen, ging er umher, schüttete auf ihre Modelle Wasser und verdarb sie so. Bis gegen Morgen war er mit seinem Modell des Menschen fertig und so wurde der Mensch auf die Art geschaffen, wie es der Kojote wollte.[4]

Wie der Silberfuchs die Welt erschuf
Miwok-Indianer /
Kalifornien, Nordamerika

»Sag mal«, fragte der Wilde Bill, der Indianer, Sindbad, »was ist das eigentlich, was die Weißen ›Gott‹ nennen? Sie reden doch ständig davon. Gottverdammt mal dies, Gottverdammt mal das! In Gottes Namen, und dann behaupten sie, Gott habe diese Welt erschaffen. Wer ist denn dieser Gott? Erklär mir das mal! Sie sagen zu mir: Kojote?, das ist doch der Gott der Indianer, aber wenn ich einmal sage, Gott ist ein Kojote, werden sie gleich wild. Warum eigentlich?«

Sindbad lacht.

»Hör mal, Bill«, sagte Sindbad, »es ist schwierig, einander zu begreifen. Erkläre du mir einmal: glauben die Indianer wirklich, daß der Kojote die Welt erschaffen hat? Ich meine, im Ernst. Glaubst du es?«

»Na klar, glaub ichs. Warum denn nicht? Jedenfalls, die alten Leute erzählen es. Nur eben, daß sie es nicht alle auf die gleiche Art erzählen. Mir wurde es so erzählt: Es war zunächst nichts als so eine Art Nebel. Nebel und Wasser gemischt, so erzählen sie, nirgends Land, und dann war da der Silberfuchs.«

»Du meinst der Kojote?«

»Nein, nein. Ich meine den Silberfuchs. Der Kojote kommt erst später. Du wirst's noch hören. Wart's ab.
Also: erst einmal war da irgend etwas, das wanderte durch den Nebel. Der Silberfuchs wanderte, erzählen sie, und er fühlte sich einsam. Tsikuel-laaduw Maandza tsikuallaasa. Er war einsam, der arme Silberfuchs. Er ging also so dahin. Da traf er den Kojoten.

›Habe ich mir doch gleich gedacht, daß ich mal jemanden treffen würde‹, sagte er. Der Kojote sah ihn an, sprach aber nichts.

›Wohin bist du denn unterwegs?‹ fragte der Silberfuchs.

›Warum reist du eigentlich in dieser Gegend herum?‹ fragte der Kojote zurück.

›Weil ich traurig bin.‹

›Ich reise eben auch‹, sagte der Kojote, ›ich bin auch traurig, und ich reise auch.‹

›Komm, wir reisen beide gemeinsam. Es ist besser, wenn zwei zusammen reisen. So sagt man doch!‹«

»Moment mal, Bill«, unterbricht Sindbad den Indianer, »wer sagte das?«

»Das hat der Fuchs gesagt. Ich weiß nicht, wen er damit meinte, als er das sagte. Merkwürdig, nicht wahr? Ich meine, wie konnte er von anderen Leuten reden, da es doch überhaupt noch niemanden gab? Na, ich weiß nicht. Ich habe manchmal darüber nachgedacht, ich habe die alten Leute gefragt, aber die antworten dann bloß:

›Das kam mir auch immer merkwürdig vor. Aber so wird

es nun einmal erzählt.‹ Und dann erfährst du, daß die Pajutes es wieder anders erzählen. Und unsere Leute, die flußabwärts wohnen, erzählen es wiederum ein bißchen anders. Vielleicht ist es ja auch gar nicht so gewesen, Sindbad. Oder aber es ist tatsächlich so gewesen, und jeder macht sich einen Spaß daraus, es ein bißchen anders zu erzählen. Das machen die Leute doch oft so, oder?«

»Schön, aber nun mal weiter mit der Geschichte. Du sagtest, der Silberfuchs trifft den Kojoten …«

»Ach ja, da waren wir stehengeblieben. Nun, dieser Kojote sagt also: ›was wollen wir nun tun?‹

›Was schlägst du vor?‹ fragt der Fuchs.

›Ich weiß nicht‹, sagt der Kojote.

›Nun denn‹, spricht der Fuchs, ›dann will ich es dir sagen. Laß uns eine Welt machen.‹

›Wie wollen wir das anfangen?‹

›Wir werden singen‹, sagte der Fuchs.

Also singen sie dort oben im Himmel. Sie singen, stampften auf und tanzen im Kreis herum. Dann denkt der Fuchs bei sich im Sinn: Erdklumpe komm. So läßt er den Erdklumpen antanzen. Einfach, indem er angestrengt daran denkt. Gleich darauf hat er einen Erdklumpen in den Händen, und er singt. Sie singen beide und stampfen auf. Ganz plötzlich wirft der Fuchs diesen Erdklumpen hinunter durch die Wolken. ›Schau ihm nicht nach‹, sagt er zum Kojoten, ›sing weiter! Mach deine Augen zu und halte sie geschlossen bis ich dir sage, du kannst sie wieder aufmachen.‹ Also singen sie und stampfen sie auf, eine ganze Weile geht das so.

Dann spricht der Fuchs zu dem Kojoten: ›Jetzt schau mal runter, was siehst du?‹

›Ich sehe irgend etwas. Aber ich weiß nicht was es ist?‹

›Schon recht. Mach deine Augen wieder zu!‹

Also fangen sie wieder an zu singen und aufzustampfen. Und der Fuchs denkt und wünscht: streck dich, streck dich!

›Jetzt schau noch einmal herunter und sag, was du siehst?‹

›Oh ja. Es wird größer.‹

›Mach die Augen wieder zu und schau nicht mehr hin!‹

Und sie tanzen wieder und stampfen dort oben im Himmel.

›Jetzt darfst du wieder schauen!‹

›Uhh! Jetzt ist es groß‹, sprach der Kojote.

So ist die Welt erschaffen worden, Sindbad. Darauf springen sie hinab in diese Welt und strecken alles noch ein bißchen mehr. Sie machen Berge und Täler. Sie machen Bäume und Felsen und alles. Sie brauchten viel Zeit dazu.«

»Erschufen sie auch Leute?«

»Nein, nicht Leute. Nicht Indianer. Die Indianer kamen erst später, nachdem die Welt von der verrückten Frau verpfuscht worden war. Aber das ist eine lange Geschichte, die erzähle ich dir ein anderes Mal.«

»Na schön, Bill. Aber erklär mir noch eines: Es gab nun eine Welt. Es gab eine Menge Tiere, aber es gab keine Leute auf der Welt?«

»Ja schon … aber.«

»Wie denn nun?«

»Sind Tiere keine Leute?«

»Was?«

»Sie sind keine Indianer, aber sie sind Leute. Sie sind doch lebendig. Für was hältst du denn die Tiere?«

»Wie bezeichnet man denn Tiere bei deinem Stamm?«

»Weiß nicht …«

»Aber wenn du es jetzt sagen müßtest?«

»Na, ich denke, wir würden vielleicht sagen ›teequaade wade toolol aakaadzi‹ (alles, was auf der Welt lebendig ist) ja, ich glaube, das bedeutet Tiere, Sindbad.«

»Tud mir leid, Bill, aber da komme ich wieder mal nicht mit. Da müßten doch wohl auch die Menschen dazu gehören. Menschen sind doch auch lebendig?«

»Gewiß doch, das sage ich doch. Alles ist lebendig. Auch

die Felsen sind es. Selbst die Bank, auf der du sitzt. Irgend jemand hat diese Bank für einen bestimmten Zweck gemacht, nicht wahr? Na also, dann ist sie auch lebendig. Alles ist lebendig. Das ist es, was die Indianer glauben. Weiße meinen, so vieles sei tot. Das kommt, weil viele von ihnen selbst schon bei lebendigem Leibe gestorben sind.«

»Na, na, das ist übertrieben. Aber hör mal, Bill. Wie sagt ihr denn, wenn ihr ›Menschen‹ sagen wollt?«

»Einfach ›is‹, glaube ich.«

»Ich dachte immer, das bedeute ›Indianer‹?«

»Aber ›Weiße‹ auch!«

»Für die gab es doch auch ein anderes Wort?«

»Also, zur Hölle meinetwegen. Wir nennen sie ›inilladuwi‹. Das heißt in eurer Sprache ›Vagabunden‹. Und nichts als Landstreicher und Vagabunden sind sie auch, weil sie einfach nicht glauben wollen, daß alles lebendig ist. Weil sie nicht aufpassen, daß sie in diesem Leben lebendig bleiben. Einer, der sich so aufführt, den rechnen wir eigentlich nicht zu den Menschen. Na schön, die Weißen mögen schlau sein, ganz gerissen, zugegeben, aber von dem was wirklich wichtig ist, haben sie nicht die geringste Ahnung.«[5]

Der Aufstieg aus der Unterwelt
Tewa-Indianer / Arizona, Nordamerika

Als sie noch unter der Erde waren, hatten sie die Gestalt von Ameisen. Dann kamen sie zu einem anderen Ort, und verwandelten sich in andere Wesen. Wieder an einem anderen Ort wurden sie wie Menschen, aber mit langen Schwänzen. Sie wußten, daß sie Schwänze hatten, und sie schämten sich deswegen.

Dann kam eine Flut, und sie bekamen Angst. Das Wasser kam immer näher, da versuchten sie den Himmel zu erreichen, und sie erbauten einen Turm, aber er fiel um. Dann sagten die Frauen, sie wollten jetzt einen Turm bauen, um den Himmel zu erreichen. Sie waren sehr eigensinnig und wollten nicht auf ihre Männer hören.

»Wir brauchen unsere Ehemänner nicht um zu leben«, sagten sie. Es gab da einen Fluß, und sie trennten sich. Die Männer setzten über den Fluß, und die Frauen blieben dort, wo sie waren, nämlich in ihrem Dorf. Im Frühjahr pflanzten die Frauen Mais und Melonen, und die Männer pflanzten auch. Die Männer hatten eine gute Ernte, die Frauen ebenfalls. Aber im nächsten Jahr ernteten die Frauen nur die Hälfte von dem, was sie im Jahr zuvor geerntet hatten. Das Wasser kam jetzt aus allen Richtungen näher. Sie wußten, daß die Flut sie töten werde, dennoch fuhren sie mit ihrer Arbeit fort. Im dritten Jahr ernteten die Frauen sehr wenig Mais und Melonen, doch die Männer hatten mehr als zuvor. Im vierten Jahr wuchs im Land der Frauen gar nichts, aber die Männer hatten wieder eine große Ernte. Da riefen die Frauen von ihrem Ufer zu dem der Männer hinüber:

»Gebt uns etwas Mais ab und ein paar Wassermelonen.«

»Wir können euch nichts geben«, antworteten die Männer.

Um diese Zeit kam das Wasser näher und näher.

Die Frauen begannen einen Turm zu bauen. Sie bauten und bauten, aber den Himmel erreichten sie nicht. Die Frauen hielten sich für tapferer und klüger als die Männer; die Männer hingegen meinten, die Frauen würden nicht viel erreichen. Der Turm stürzte ein.

Nun begannen die Männer darüber nachzusinnen, wie sie den Himmel erreichen könnten. Zuerst pflanzten sie eine Fichte. Sie wuchs und wuchs. Sie erreichte den Himmel, aber sie konnte die Himmelsdecke nicht durchstoßen. Als nächstes pflanzten sie ein Schilfgras. Sie sangen ein Lied, damit das Schilfgras aufwachse. Sie sangen und sangen, und das Schilfgras wuchs und wuchs, stieß endlich an den Himmel und bohrte sich hindurch.

Es war der Dachs, den sie zuerst hinauf schickten. Er kroch in das große Schilfgras hinein und siehe da, in diesem Rohr gab es so etwas wie eine Wendeltreppe. Der Dachs rannte nach oben. Dann war er durch die Himmelsdecke. Er sprang aus dem Rohr heraus und sah sich um. Aber es war nicht hell genug, um etwas zu sehen. Da schlüpfte der Dachs wieder in das Rohr zurück und kam wieder hinunter.

»Was hast du gesehen?«, fragten die Männer.

»Hast du die Erde gefunden?«, fragten andere.

»Ich konnte da oben nicht allzuviel sehen. Es war dunkel.«

Dort unten, wo die Menschen zu dieser Zeit lebten, gab es nur sehr wenig Licht. So wußten sie nicht, daß sie lange Schwänze hatten. Dann, als das Wasser nahe vor dem Dorf war, stiegen sie alle hinauf. Oben war es auch dunkel. Als die Menschen herauskamen, saß die Spottdrossel in der Nähe des Loches. Sie gab ihnen eine Sprache.

Die Frauen liefen zu der Stelle, wo die Männer hinaufgestiegen waren und folgten ihnen. Aber nicht alle, nur etwa die Hälfte von ihnen war durch das Schilfrohr hinaufgestiegen, die andere Hälfte ertrank. Als sie herauskamen hatten sie keine Schwänze mehr. Es war aber kein Licht dort, und als sie aus dem Loch stiegen, sprachen sie so zueinander: »Wie können wir nur zu Licht kommen?«

Einer sagte:

»Wir werden uns Sterne machen.« Also machten sie sich Sterne.

Eine ganze Anzahl von Tieren war mit ihnen hinaufgestiegen, unter ihnen auch der Kojote. Er konnte verstehen, was sie sagten, selbst aber nicht sprechen. Sie schickten zwei Jungen zu ihm. Die richteten ihm aus:

»Wenn du an einen bestimmten Platz kommst, so bringe bitte die Sterne in Ordnung.«

Der Kojote gab ihnen zu verstehen, er wolle mit ihnen kommen. Als sie zu den Sternen kamen, stellten sie sieben zusammen, nämlich die Plejaden und dann nochmal sechs, die um den Orion.

Den größten Stern setzten sie gegen Osten. Einen stellten sie im Süden auf, einen im Westen und einen im Norden, und dann gaben sie dem Stern, den man »Taucher« heißt, seinen Platz. Als sie das alles getan hatten, konnte sich nun der Kojote durch Worte mit ihnen verständigen. Bei sich dachte er:

»Das war eine große, schwere Arbeit.«

Und er sagte zu den Jungen:

»Damit werden wir nie fertig. Eher sterben wir.«

Darauf nahm er die Sterne, die noch übrig waren und warf sie in die verschiedenen Himmelsrichtungen.

Danach kamen die Jungen und der Kojote zurück.

In der nächsten Nacht zeigten sich vor Tagesanbruch zwei Sterne, aber die beiden gaben nicht viel Licht. Als sie im Westen untergingen, kam ein anderer Stern zum Vorschein. »Wir wollen ihm einen Namen geben«, sagten sie, »wir werden ihn ›grauhaarige alte Frau‹ nennen.« Das wurde der Nordstern.

Die Plejaden zeigten sich im Osten, dann der Orion. Aber sie gaben alle nicht viel Licht. Als sie sahen, daß die Sterne über den ganzen Himmel verstreut waren, sprachen die Menschen:

»Böser Kojote, hast du das getan?«

»Ja«, sagte er. »So ist es nun einmal eingerichtet.«

»Was für ein Unsinn, sie über den ganzen Himmel zu zerstreuen.«

Sie murrten, aber sie mußten sich fügen.

Nun, diese Sterne gaben einfach nicht genug Licht. Was also blieb übrig, als noch andere Himmelslichter zu schaffen.

Einer von ihnen sagte:

»Wir wollen uns einen Mond machen.«

Die anderen fragten, wie er das denn anstellen wollte. Da erwiderte er:

»Wir machen ihn aus einer Hochzeitsdecke.«

Da schickten sie dieselben Jungen wieder aus, die schon die Sterne gerichtet hatten. Sie nahmen eine Hochzeitsdecke, breiteten sie aus und gingen heim. Sie beobachteten sie. Plötzlich sahen sie, daß ein Licht erschien, und sie gaben ihm den Namen »Mond«. Es gab ihnen Licht, aber nicht genug. Da dachten sie wieder darüber nach und ein Mann wußte Rat.

»Wir werden uns mit etwas anderem mehr Licht machen«, sagte er, als sei er ganz gewiß.

Er nahm eine Decke, eine Rehhaut, ein weißes Fuchsfell, dazu den Schwanz eines Papageien, und die beiden Jungen brachten alles nach Osten und legten es dort hin. Nachdem nun der Mond auf- und wieder untergegangen war, zeigte sich das erste Tageslicht. Es entstieg dem Fuchsfell, und dann kam etwas aus dem Schwanz des Papageien und machte es gelb. Die Sonne ging auf, aber sie konnte sich nicht bewegen. Da sprachen die Leute:

»Wir haben wohl etwas falsch gemacht. Warum bewegt sie sich nur nicht?«

Untereinander sagten sie:

»Wie kann man sie nur dazu bringen, daß sie sich bewegt?«

Der Kojote sprach:

»Alles ist in Ordnung. Alles ist so, wie es sein muß. Wenn jetzt einer sterben würde, dann würde sie sich auch bewegen.«

Gerade da starb ein Mädchen, und die Sonne bewegte sich. Doch als sie bis in die Mitte des Himmels gekommen war, blieb sie wieder stehen.

»Was ist denn nun wieder los?« riefen die Menschen.

Der Kojote antwortete:

»Nichts. Alles in Ordnung! Wenn wieder einer stirbt, wird sie sich weiter bewegen.«

Da starb der Sohn des Häuptlings und tatsächlich, die Sonne bewegte sich weiter. »Nur wenn jeden Tag einer stirbt, am Morgen, am Mittag und am Abend«, sagte der Kojote, »wird sie sich alle Tage bewegen.«

Der Kojote denkt mehr als alle anderen. Er ist ein schlauer Bursche!

Damit war alles gerichtet.

Erst starb ein Mädchen, dann ein Junge, dann eine Frau. Nach vier Tagen kam sie wieder zurück, Denn, wenn damals jemand starb, kehrte er nach vier Tagen wieder ins Diesseits zurück. Da sprach der Kojote:

»Ich glaube, es ist nicht recht so. Wenn wir sterben und wissen, daß wir nach vier Tagen wieder zurückkommen, werden wir vor dem Tod gar keine Angst haben. So würden wir ewig leben. Ich werde sterben und nicht zurückkommen.«

Er fraß zuviel, da starb er, und nach vier Tagen kam er nicht zurück. Er kam nie mehr zurück. Um diese Zeit starb auch eine Frau. Sie zählten vier Tage. Auch sie kehrte nicht zurück, weil es der Kojote so eingerichtet hatte.

Da wurden die Menschen traurig. Der Ehemann der gestorbenen Frau war sehr traurig. Er ging zu der Stelle, an der sie heraufgekommen waren. In das Loch hatten sie einen runden Kaktus gesteckt. Er zog den Kaktus heraus und schaute hinab. Da sah er unten seine Frau, wie sie sich ihr Haar kämmte. Auch den Kojoten sah er dort. Der hörte etwas, hob den Kopf und sprach:

»Du weißt, ich bin tot, und deine Frau ist auch tot, aber bis hierhin sind wir zurückgekommen, und von nun an wird jeder, der stirbt, auch bis hierher kommen und für immer leben. Also brauchst du wegen deiner Frau nicht traurig sein.«

Da verschloß der Mann das Loch wieder und ging den anderen erzählen, seine Frau lebe da unten, und der Kojote auch.

Es gab die zwei Jungen. Sie wußten nicht, wer sie waren,

aber ich weiß es, und ihr werdet es auch gleich wissen: Drunten, während die Geschlechter getrennt voneinander gelebt hatten, tötete ein Mann ein Reh, er schnitt dem Tier die Kehle durch, Blut kam heraus, und er ließ es in einen Krug fließen. Zwei Männer waren Brüder. Der jüngere Bruder sprach zum älteren:

»Nun mach dich an die Arbeit, solange das Blut noch warm ist.«

Sie machten ein Baby in einer Tasse. Sie stellten die Tasse neben das Feuer. Nach einiger Zeit kamen zwei Kinder heraus, zwei Jungen. Das sind die beiden, die dann später die Sterne, den Mond und die Sonne aufstellten. Die Leute fanden heraus, wer sie waren. Der eine sagte:

»Ich bin Pöökong.«

Der andere sagte:

»Ich bin Palüngawiya.«

Und Pöökong sagte: »Ich bin der Sohn der Sonne. Ich bin ein Sonnenstrahlensohn.«

Der zweite sagte: »Ich bin der Sohn des Wassertropfens.«[6]

Die Desana Schöpfungsmythe
Tukanu / Amazonas, Brasilien

Auch in dieser Mythe kommen die ersten Menschen aus dem Wasser, aber wenn man die Einzelheiten bedenkt, die in dieser Schöpfungsgeschichte alle beschrieben werden, so hat man zunächst den Eindruck, daß ihre Motive einen rein regionalen, ja lokalen Ausgangspunkt haben.

Die Beschreibung eines Anfangs der Menschheit gerade am Amazonas macht den speziellen Reiz dieser Geschichte aus. An Gabriel Marcia Marquez, seinen Roman *Hundert Jahre Einsamkeit*, wird man erinnert. In solchen Texten wie dem folgenden liegen wohl die folkloristischen Anregungen zu dem magischen Realismus mancher Autoren der südamerikanischen Gegenwartsliteratur. Neben regional-lokalen Erfahrungen sind in diese Mythe aber Motive verwebt worden, die man überall in der Welt antrifft.

Pamuri-mahse ist einer jener die Zivilisation bringenden Helden, wie er in vielen unterschiedlichen »Masken« in der Alten und Neuen Welt auftritt. Er ist Hermes, der Trickster, Prometheus, Quetzalcoatl und die Gefiederte Schlange. Oder um es von der Funktion her zu beschreiben: er ist das Bindeglied zwischen Himmelsgöttern und der Erde (und Unterwelt).

Ein ungewöhnlicher Zug in dieser Mythe besteht darin, daß nicht wie gewöhnlich der »Trickster«, sondern später die Tochter der Sonne das Feuer auf die Erde bringt. Pamuri-mahse trinkt das erste Maisbier (Chicha) ein Zug, der an den dionysischen Aspekt der Trickstergestalt erinnert. Viho und Yahe sind halluzinogene Drogen. Sie entsprechen der Götterspeise Soma in den Ritualen Indiens.

Im Anfang gab es Sonne und Mond. Sie waren Zwillingsbrüder. Zuerst lebten sie alleine. Doch dann hatte der Sonnengott eine Tochter, und er lebte mit ihr als sei sie seine Frau. Sein Mondbruder hatte keine Frau und war eifersüchtig. Er versuchte, die Frau des Sonnengottes zu verführen. Doch der Sonnengott hörte davon. Einmal gab es einen Tanz im Himmel, im Haus des Sonnengottes, und als der Mondbruder zu diesem Tanz kam, nahm ihm der Sonnengott zur Strafe die große Federkrone ab. Sie glich jener, die der Sonnengott besitzt. Also blieben Bruder Mond nur eine kleine Federkrone und ein Paar kupferne Ohrringe. Von dieser Zeit an waren Sonne und Mond getrennt. Sie wohnten fern von einander am Himmel als Folge der Missetaten von Bruder Mond.

Der Sonnengott schuf das Universum, und deswegen wird er Vater Sonne genannt. Er ist der Vater aller Desana.

Der Sonnengott schuf das Universum durch die Kraft seines gelben Lichtes. Er gab ihm Leben und verlieh ihm Stabilität. Von seinem Wohnplatz aus, gebadet in gelbes Licht, schuf die Sonne die Erde mit ihren Wäldern und Flüssen, mit ihren Tieren und Pflanzen. Die Sonne plante die Schöpfung sehr genau. Ihre Schöpfung war vollständig.

Die Welt, in der wir leben, hat die Form einer riesigen Scheibe, eines gewaltigen runden Tellers. Sie ist die Welt der Menschen und Tiere, die Welt des Lebens. Während der Wohnort der Sonne gelbe Farbe hat, die Farbe der Kraft der Sonne, hat der Wohnort der Menschen rote Farbe, die Farbe der Fruchtbarkeit und des Blutes der lebenden Wesen.

Unsere Erde wird »obere Ebene« genannt, weil es darunter eine andere Welt, die »untere Ebene«, gibt. Diese Welt unter uns heißt Ahpikondia, das Paradies. Ihre Farbe ist grün, und die Seelen derer, die gute Desana sind ihr ganzes Leben lang, gehen dorthin.

An der Stelle, wo die Sonne aufgeht, befindet sich in Ahpikondia ein großer See, und die Flüsse der Erde, die alle nach Osten fließen, ergießen sich in ihn. Dort, wo in Ahpikondia die Sonne untergeht, liegt die Dunkle Gegend. Dies ist die Region der Nacht, und dort geht es schlimm zu.

Wenn man unsere Welt von Aphikondia, also von unten aus sieht, gleicht sie einem großen Spinnennetz. Sie ist durchsichtig, die Sonne scheint durch sie hindurch. Die Fäden des Spinnennetzes sind wie die Gesetze, nach denen die Menschen leben sollen. Sie werden von diesen Fäden geleitet, damit sie gut leben und die Sonne beobachtet sie.

Über unserer Erde hat die Sonne die Milchstraße erschaffen. Die Milchstraße entspringt als ein großer schäumender Strom in Ahpikondia und verläuft von Osten nach Westen. Starke Winde wehen durch die Milchstraße und ihre Farbe ist blau. Sie stellt gewissermaßen den Übergang zwischen der gelben Macht der Sonne und der roten Farbe der Erde dar. Deshalb ist es eine gefährliche Gegend. Dort nehmen die Leute Kontakt mit der unsichtbaren Welt und den Geistern auf. Die Sonne erschuf Tiere und Pflanzen. Für jeden von ihnen bestimmte sie einen Ort, an dem sie leben sollten. Sie erschuf alle Tiere auf einmal, außer den Fischen und den Schlangen. Die machte sie später. Zusammen mit den Tieren erschuf die Sonne auch die Geister und die Dämonen der Wälder und der Gewässer. Der Sonnengott erschuf all dies, als er in gelber Farbe dachte. Er schickte das gelbe Licht aus, um einzudringen. So erschuf er die Welt.

Als der Sonnengott die Erde mit ihren Tieren und Pflanzen geschaffen hatte, gab es immer noch keine Menschen. Da beschloß er, die Erde zu bevölkern. Dazu machte er einen Menschen von jedem Stamm; er machte einen Desana, einen Uanano, einen Tuyuak und je einen von all den anderen Stämmen. Dann schickte er die Leute auf die Erde, er bediente sich eines Wesens, das man Pamuri-mase nennt. Das war ein Mann, ein Schöpfer der Menschen, den der Sonnengott ausschickte, um die Erde zu bevölkern. Pamuri-mase befand sich in Ahpikondia, und er brach auf mit einem langen Kanu. Es war ein lebendiges Kanu. In Wirklichkeit war es eine große Schlange, die auf dem Boden des Flusses schwamm. Dieses Schlangenkanu hieß Pamuri-gahsiru, seine Haut war gelb und hatte Streifen aus schwarzen Diamanten. Drinnen, wo es rot ausgemalt war, saßen die Leute: ein Desana, ein Pria-Tapuya, ein Uanano, und je einer von den anderen Stämmen. Zusammen mit dem Schlangenkanu kamen die Fische, aber sie befanden sich nicht drinnen, sondern draußen am Kiel, und die Krabben klebten am Heck fest. Es war eine sehr lange Reise, und das Schlangenkanu fuhr den Fluß herauf, weil Pamuri-mase die Menschheit im Quellgebiet ansiedeln wollte. Wann immer sie an einen großen Wasserfall kamen, ließ das Schlangenkanu durch Zauber das Wasser steigen und beruhigte die Strudel. So fuhren sie eine lange Zeit dahin, und die Menschen wurden müde.
Zu dieser Zeit gab es noch keine Nacht, und sie reisten im Licht unter den gelben Strahlen des Sonnengottes. Als

die ersten Menschen erschaffen worden waren, hatte der Sonnengott jeden von ihnen einen Gegenstand gegeben und ihm geheißen, darauf gut zu achten. Der eine hatte einen kleinen schwarzen Beutel bekommen. Als es ihm nun unterwegs langweilig wurde, entschloß er sich, den Beutel zu öffnen. Er hatte keine Ahnung, was der Beutel enthielt. Er machte ihn auf, und plötzlich quoll eine unerhörte Menge schwarzer Ameisen aus dem Beutel hervor. Es waren so viele, daß sie alles Licht bedeckten. Es wurde dunkel. Das war die erste große Nacht. Pamurimase schenkte dann jedem Menschen ein Glühwürmchen, aber das Licht, das sie gaben, war sehr schwach. Die Ameisen vermehrten sich. Die Menschen versuchten sie zu bewegen, wieder in den Beutel zu kriechen, aber dazu wußten sie noch nicht die richtigen Zaubersprüche. Da stieg der Sonnenvater herab. Er hieb mit einem Stock auf den Beutel. Da kamen die meisten Ameisen wieder herbeigerannt und schlüpften herein. Jene aber, die nicht gehorchten und im Wald blieben, bildeten die Ameisenhaufen, die man heute noch sehen kann. Seither gibt es Ameisen. Als sich die meisten von ihnen wieder im Beutel fanden, kam das Licht wieder: aber seither gibt es die Nacht. Dies war die erste Nacht, und den Menschen, der den Beutel öffnete, nannte man Nachtmensch. So fuhren sie also in dem Schlangenkanu weiter, aber als sie auf dem Vaupes Fluß nach Ipanore kamen, stießen sie gegen einen großen Fels nahe dem Ufer. Die Leute waren des Reisens müde und meinten, sie hätten endlich ihren Bestimmungsort erreicht. Durch eine Öffnung im Bug des Kanus stiegen sie aus. Pamuri-mase war das nicht recht, weil nämlich bestimmt war, daß sie sich im Quellgebiet niederlassen sollten. Deswegen blockierte er die Öffnung des Bootes mit seinem Fuß. Aber die Leute waren bereits hinausgesprungen. Sie verstreuten sich an den Ufern der Flüsse und in den Wäldern, aber bevor sie fortgingen, gab Pamuri-mase einem jeden von ihnen Gegenstände die er aus Ahpikondia mitgebracht hatte, und diese bezeichneten von nun an die Tätigkeiten der einzelnen Stämme. Dem Desana gab er Pfeil und Bogen, dem Tukano eine Angel, dem Kuripako gab er einen Maniok Rost; er gab ein Blasrohr und einen Korb dem Maku und eine Maske aus Borken gab er dem Cubeo. Er gab jedem einen Lendenschurz, aber dem Desana gab er nur ein Stück Schnur. Er wies auf die Plätze, an denen die einzelnen Stämme leben sollten. Aber als er dem Desana seine zukünftige Heimat anweisen wollte, war dieser schon auf und davon und hatte im Quellgebiet Zuflucht gesucht. Auch der Uanano war fort. Er hatte sich in die Wolken am Himmel geflüchtet. Da bestieg Pamuri-mase das Schlangenkanu und kehrte nach Ahpikondia zurück.

Die Sonne schuf verschiedene Wesen, die als Boten zwischen ihr und der Erde dienen sollten. Ihnen wurde zur Aufgabe gemacht, die Schöpfung zu schützen und für Fruchtbarkeit zu sorgen.

Als erstes erschuf der Sonnengott Emekori-mase und Diroa-mase, und er stellte sie an den Himmel und in die Flüsse, damit sie von dort die Erde beschützten. Emekori-mase ist das Wesen des Tages. Seine Aufgabe besteht darin, alle Regeln und Gesetze festzulegen, nach denen sich das geistige Leben der menschlichen Wesen entwickkeln soll. Diroa-mase, das Wesen des Blutes, wacht über alles, was zur Körperlichkeit des Menschen gehört. Dann schuf er noch Viho-mase, das Wesen der Viho, die halluzinogenische Kraft, und er befahl ihm, als Vermittler aufzutreten, damit durch Halluzinationen die Menschen der übernatürlichen Wesen ansichtig werden können. Das Pulver Viho hatte der Sonne gehört, die es in ihrem Nabel verborgen hielt. Aber die Tochter der Sonne hatte es aus dem Nabel gekratzt und so das Pulver entdeckt. Während Emekori-mase und Diroa-mase immer das Prinzip des Guten darstellen, gab der Sonnengott Viho-mase die Möglichkeit gut und böse zu sein. Er setzte ihn auf der Milchstraße aus, und seither ist er Herrscher über Krankheit und Zauberei.

Dann erschuf der Sonnengott Vai-mase, den Herren der Tiere. Es gibt zwei Wesen, die Vai-mase heißen, eines ist für die Waldtiere zuständig, das andere für die Fische. Der Sonnengott wies ihnen die Orte an, wo sie leben sollten. Dem einen schenkte er eine große Hütte in einem Berg im Walde, dem anderen eine Wohnung auf dem Grund der Wasserfälle. Er setzte sie dorthin, damit sie die Tiere und ihre Vermehrung beobachten können. Zusammen mit dem Vai-mase, dem Herrn der Gewässer, schuf der Sonnengott die Mutter der Fische. Er schuf Wua, den Herrn über die Dickichte, der Macht hat über die Palmenblätter, die benutzt werden, um die Hütten zu decken.

Darauf schuf der Sonnengott die Waldleute, die wohnen in der Dunklen Gegend westlich von Ahpikondia. Sie verwalten Zauberei und Hexenwesen, denn der Sonnengott hatte nicht nur das Gute, sondern auch das Böse geschaffen, um die Menschen zu strafen, sofern sie sich nicht an die überlieferten Sitten hielten. Dann schuf der Sonnengott noch den Jaguar, der ihn in der Welt vertreten sollte. Er gab ihm die Farbe seiner Macht und gab ihm die Stimme des Donners, welche auch die Stimme der Sonne ist; er hieß ihn, über seine Schöpfung zu wachen, sie zu beschützen und besonders ein Auge auf die Hütten zu haben. Die Sonne erschuf all diese Wesen und so kam Leben in die Welt.

Die Tochter des Sonnengottes hatte noch nicht die Pubertät erreicht, als ihr Vater sie verführte. Die Sonne beging Inzest mit ihr an den Wasserfällen von Wainambi und ihr Blut floß dahin; seitdem verlieren die Frauen jeden Monat Blut zur Erinnerung an den Inzest der Sonne, damit diese böse Tat nicht vergessen wird. Aber seiner Tochter gefiel es, und so lebte sie mit ihrem Vater, als sei sie seine Frau. Sie dachte nur noch an ihr Vergnügen, so daß ihr Körper sich auszehrte und ihre Haut bleich wurde. Als nun die Tochter des Sonnengottes ihre zweite Menstruation gehabt hatte, hatte sie an nichts mehr Freude, und sie wollte auch nichts mehr essen. Sie legte sich auf einen Felsen und starb. Den Abdruck ihres Körpers kann man heute noch auf einem großen Stein an den Wasserfällen von Wainambi sehen. Darauf entschloß sich der Sonnengott, das gamu-bayari einzurichten; eine Anrufung, die die Mädchen ausführen sollen, wenn sie die Pubertät erreichen. Der Sonnengott aber rauchte Tabak und blies den Rauch über den Leichnam seiner Tochter hin. Da wurde sie wieder lebendig. Deswegen also sind die Anrufungen geschaffen worden, die immer noch ausgeführt werden, wenn Mädchen ihre erste Menstruation haben.

Dann hieß der Sonnengott die Menschen die erste Hütte bauen. Das geschah »am Platz der Yaje-Pflanze« am Macu-parana Fluß, und der Ort wird heute Wainambi genannt. Er befahl Emekori-mase, Diroa-Mase, Viho-mase und Vai-mase den ersten Desana zu lehren, wie man seine Heimstätten baut. Als sie nun die erste Hütte gebaut hatten, verbarg sich Viho-mase und mit ihm Krankheit und Zauberei in den Sprüngen und Ritzen der Pfosten des Hauses, um den Menschen Böses anzutun. Er bediente sich dazu der »uralten Adler«, die auf den Bäumen in der Nähe des Hauses saßen. Die Adler kauten Coca, und ihre Schnäbel bekamen weiße Flecken. Die Vögel brachten Netze in der Art, wie sie heute zum Fischen gebraucht werden, und sie warfen sie über die Türen der Hütten, um die Menschen zu fangen. Aber Diroa-mase sah dies und kam den Menschen zu Hilfe. Da verbarg sich das Böse wieder in den Spalten der Hauspfosten, und die Adler hängten wieder Netze auf, bis schließlich zwei an jeder Tür hingen. Aber Diroa-mase fing die Adler, wickelte sie in ihre eigenen Netze ein und warf sie hinauf auf die Milchstraße. Dort nahmen die

Adler wieder Gestalt an, und seither sind sie nicht mehr böse, sondern wohltätig. Sie wachen über die Hütten. All dies geschah, weil es noch keine Gebete gab und die Menschen sich noch nicht zu schützen wußten. Aber dann lernten sie, sich unsichtbar zu machen. Und schützten sich durch unüberwindbare Wälle, die sie um ihre Hütten zogen. Sie lernten auch, unsichtbare Netze über die Türen zu spannen und das Böse, das von Außen in die Hütte eindringen wollte, mit ihnen zu fangen.

Zu dieser Zeit gab es nur Männer. Die ersten Männer waren mit Pamuri-mase in dem Schlangen-Kanu gekommen. Die Tiere des Waldes hatten bereits ihre Geschlechtsgenossen und die Fische auch. Vai-mase, der Herr der Fische, hatte seine Frauen, die Vai-nome, und mit ihnen hatte er eine Tochter, Vai-mango. Die Tochter war ein Aracu-Fisch, und die Aracu waren, wie sie es auch heute noch sind, jene Fische, die hauptsächlich in den Flüssen vorkommen, und sie lebten in ihren Hütten unter Wasser.
Eines nachts feierten die Männer und tanzten. Die Tochter des Aracu, Boreka-mango sah das Licht, das gelbe Licht des Männerfeuers. Da kam sie aus dem Wasser. Sie näherte sich der Hütte und sah Desana. Da verliebte sie sich in ihn. Der Mann gab ihr Honig. Sie versuchte ihn, und er schmeckte ihr. Also blieb sie bei ihm an Land. Der erste Desana wurde Gahki genannt. Und dies geschah an den Wainambi-Wasserfällen, wo die erste Hütte stand, und auf dem Felsen kann man noch immer den Abdruck Boreka-mangos sehen, der sich dort einprägte, als der Mann und die Fischtochter sich vereinigten. Bei der Zusammenkunft des ersten Desana mit der Tochter des Aracu gab es mehrere Tiere, die Zeuge wurden. Die Wassertaube sah es, und von dieser Zeit an hat sie die Farbe der Vagina, wenn man das Fleisch dieser Taube ißt, zeigen sich auf seiner Oberfläche Spalten. Der Curassow sah den Penis des Mannes, und seit jener Zeit hat er einen

roten Hals und lebt immer am Ufer. Das Faultier sah auch zu, aber die Tochter des Fisches bemerkte es und verwandelte es in ein Tier, das sich sehr langsam bewegt. Vorher war es rasch und gewandt.

Als sie schwanger war, aß die Tochter des Aracu einen Uari-Fisch und warf das, was übrig geblieben war, in den Fluß. Die Gräten verwandelten sich wiederum in einen Fisch, seit dieser Zeit sind diese Fische so langsam, daß sie mit den bloßen Händen gefangen werden können.

Als die Tochter des Aracu ihr Kind gebar, schauten auch viele Tiere zu. Die Fledermaus war damals noch ein Vogel. Sie schaute zu und sang. Da sagte die Tochter des Aracu: »Ich habe jetzt mein Kind, aber du sollst die deinen aus dem Mund ausspucken.«

Der Tausendfüßler und eine große, giftige Spinne kamen, um das Geburtsblut aufzulecken, und von dieser Zeit an sieht der Tausendfüßler wie eine Nabelschnur und die Spinne wie eine Vagina aus. Auch der Skorpion und die große schwarze Ameise leckten von dem Blut und von dieser Zeit an muß man sich erbrechen, wenn man von diesen Tieren gestochen wird, und man hat Schmerzen wie bei einer Geburt.

Als all dies geschah, waren die Zaubersprüche, die gesprochen werden, wenn eine Frau ein Kind zur Welt bringt, noch nicht bekannt. Die Tochter des Aracu konnte auch nach der Geburt nicht baden. Sie fürchtete sich zu dem Landungsplatz zu gehen, weil so viele Tiere dort waren. Deswegen bekam sie Läuse.

Ein kleiner Vogel sang in der Morgendämmerung. Er sah sie und sang: »Diese dumme Frau. Kennt sie denn keine Zaubersprüche?«

Da dachte die Tochter des Aracu nach und erfand die ersten Gesänge für das Bad, das auf die Geburt folgt. In einem Trog bereitete sie Kräuter und Tabak und ging zum Fluß, um sich zu waschen. Ihr Ehemann bekam Angst, sie aber stimmte die Gesänge an. So konnten ihr die Tiere nichts zuleide tun.

Als ihr erster Sohn geboren wurde, nahm die Mutter der Tochter des Aracu das Kind, trug es zum Fluß und badete es dort. Da versammelten sich die Fische aus allen Gewässern und rieben ihre Schuppen an der Haut des Kindes. So erkannten sie es als ihren Verwandten an. Als nun der Vater bemerkte, daß da so viele Aracu-Fische waren, nahm er Pfeil und Bogen. Er schoß auf sie und tötete sie. Die Tochter des Aracu wußte von alldem nichts, denn sie war auf dem Feld, aber als sie zur Hütte zurückkehrte und all die toten Aracu sah, begann sie laut zu weinen. Sie trug sie zum Fluß zurück und setzte sie wieder dort aus. Dann sprang auch sie wieder in den Fluß und stieg hinab in ihr Haus unter dem Wasser. So wurde die Menschheit geboren und der Stamm entstand.

Der zweite Desana heiratete ebenfalls eine Frau aus dem Fluß, und als sie schwanger wurde, bat sie ihren Ehemann, ihr Fisch zu bringen, denn sie mochte die andere Nahrung nicht mehr.

Der Mann ging in den Wald und schnitt Herz aus Palmito (mihi), dann brachte er das zur Anlegestelle, an der sich die Frau befand, und sie warfen kleine Stücke Palmito in das Wasser und sprachen dazu Zaubersprüche über die Fische. Blasen begannen aufzusteigen und plötzlich kam eine große Trommel aus dem Wasser. Sie hatte dieselbe Form wie das Schlangen-Kanu, und von ihren Spanten wurde der Fisch festgehalten. Der Mann griff sich die Fische und gab sie der Frau. Seither werden die großen Trommeln manchmal unter Wasser aufbewahrt, damit sie neues Leben bekommen.

Die Tochter des Aracu bestellte das erste Feld, die erste chagra. Sie brachte Maniok mit aus der Hütte des Aracu-Volkes unter Wasser. Sie pflanzte sie, damit der Desana-Stamm Nahrung habe.

Einmal ging die Tochter des Aracu den Maniok im Bach waschen. Die Aracu sahen das und versuchten, den Maniok wieder zurück in ihre Hütten zu tragen. Aber das gelang ihnen nicht. Da verbündeten sich die Aracu Leute mit den Paca und hießen diese, den Maniok zurückbringen. Die Paca fanden den Maniok, aber sie begannen selbst davon zu fressen, und als sie sich endlich an das Abkommen erinnerten, war nichts mehr übrig. Nun befahlen die Aracu-Leute, daß der Paca den Maniok der Desana zerstören solle. Dann kamen der Peccary, der Paca, das Reh und andere Tiere, und die Schlangen kamen auch. Da bat die Tochter der Aracu die Adler um Hilfe, besonders den Feldadler, der po'e ga'a genannt wird und den braunen Adler, pun ga'a. Die Adler töteten die Schlangen und warfen sie auf die Äste der Guaruma-Bäume, die das Feld umstanden. Sie vertrieben die Vögel, die gekommen waren, um den Chilli und den Tabak zu fressen.

Als die Tochter der Aracu Maniokwurzeln im Fluß wusch, kamen die Aracu sie zu besuchen. Sie erfand auch jenes Haushaltsgerät, mit dem man die Maniokwurzel zerkleinert.

IV.
Das Ding am Anfang und
der Anfang der Dinge

Vorbemerkung:
Die Schöpfung der Welt aus dem Wort

Nicht immer steht am Anfang der Schöpfungsmythen eine Schöpfergottheit. Es gibt Mythen, die von einer Schöpfung durch eine Ursubstanz erzählen, in denen das Ding der Personalisierung des Schöpfungsvorganges vorausgeht.

Beispielsweise wird die Schöpfung in der Prosa Edda des Isländers Snorri Sfurluson so beschrieben. Auch die »Aufzeichnungen der Uralten Dinge«, die um 712 v. Chr. in Japan entstand, folgt diesem Muster.

Neben den Geschichten vom Anfang des Universums oder der Welt, gibt es eine Vielzahl von Schöpfungsmythen, die die Einrichtung der zeitlichen Ordnung, der Jahreszeiten, der wichtigsten Kulturpflanzen und der in einer Region besonders häufigen Tierarten zum Gegenstand haben. Erzählt wird, wie der Tod in die Welt kam, wie Gefühle entstanden, woher die Menschen die Geschichten bekamen, die, zumindest in Afrika als ein so wichtiges Kulturgut angesehen werden, daß man für sie eigene Schöpfungsmythen erfand.

Letztlich gehören auch die Erfindung von bestimmten Zivilisationsgütern oder Industrien in diese Kategorie. Es geht hier um die Schöpfung, die die Existenz einer Welt wie der unsrigen zur Voraussetzung hat. Die Errungenschaften dieser »zweiten Schöpfung« werden offenbar als so wichtig angesehen, daß man sie dem Menschen aus sich selbst nicht zutraut. Beziehungsweise jene Menschen, die solche »Schöpfungen« hervorbrachten, werden zu den Göttern ähnlichen, kulturbringenden Heroen. (Einige moderne Mythen dieses Typs aus Nordamerika werden im letzten Kapitel vorgestellt.)

Eine besondere Rolle bei der mythologischen Erklärung von Schöpfungsvorgängen spielt das Wort. Hierzu nur zwei Beispiele: Das »oberste«Wort, das nach einer indischen Vorstellung das Universum sichtbar werden läßt oder unsichtbar macht, ist die Silbe *aum* und *ohm*.

Ein sechseinhalbjähriger Junge, so berichtet Jean Piaget, sagte:

»Wenn es keine Worte gäbe, das wäre zu schlecht. Man könnte nichts machen. Ohne Worte … wie sollten dann Dinge entstanden sein?«

Dem wiederum entspricht eine Vorstellung von Zauber, die letztlich darin besteht, daß man das rechte Wort für ein Ding weiß. Das rechte Wort zwingt das Ding herbei.

Auf die Frage, was Namen seien, antwortete ein fünfjähriges Kind: »Sie sind das, was man sieht, wenn man ein Ding anschaut.«

Den Zusammenhang von »Wort« und »Schöpfung« erhellt auch eine jüdische Legende:

»Beim Abschreiben der Thora warnte der Rabbi Meir: ›Mein Sohn, sei vorsichtig bei deiner Arbeit, gehe sorgfältig vor, denn die Schöpfung ist ein Werk Gottes, und wenn du auch nur einen Buchstaben ausläßt oder hinzufügst, wirst du eine ganze Welt zerstören.«

Dies ist ein Ausspruch im Geist der jüdischen Mystik, der Kabbala. In »Sepher Yetsirah« wird Gottes Denken und Trachten völlig mit dem Prozeß des Schreibens gleichgesetzt. Die verschiedenen Verbindungen von Buchstaben bzw. Zeichen haben eine schöpferische, nicht nur eine repräsentative Kraft. Erklärend wird dazu gesagt:

»Und wie geschah das? Er kombinierte, gewichtete und veränderte: das Aleph mit allen anderen Buchstaben, die dann folgen und all die anderen wieder mit dem Aleph … und so durch die ganze Folge der Buchstaben. Daraus ergibt sich, daß 231 Formationen entstehen, und daß jedes Geschöpf und jedes Wort abgeleitet ist von einem Namen.«

Wenn Schöpfung mit dem Wort zusammenhängt, dann leuchtet es ein, daß sorgloser Umgang mit dem Wort, das »Verkommen der Worte« zum Untergang führt. In diesem Sinn hat Ezra Pound geschrieben:

»Außer in seltenen und beschränkten Fällen von Erfindungen der bildenden Kunst oder der Mathematik kann der einzelne ohne Worte nicht denken oder seine Gedanken mitteilen; der Regierende und der Gesetzgeber kann nicht wirklich vorgehen oder seine Gesetze aufzeichnen; und die Gediegenheit und Gültigkeit dieser Worte steht in der Obhut der verwünschten und mißachteten litterati. Wenn ihr Werk verrottet – und das heißt nicht, wenn sie Unziemliches ausdrücken, sondern, wenn ihr ureigenstes Element, die Quintessenz ihres Schaffens, die Anwendung des Wortes auf das Ding verkommt, also schwammig und ungenau oder übertrieben und aufgebläht wird, dann geht das ganze Getriebe des sozialen und individuellen Denkens und der Ordnung vor die Hunde. Dies ist eine der Lehren der Geschichte, und es ist eine unbeherzigte Lehre …« (How to read-Leseplan, 1927–28).

Kommt es daher, daß uns »verwünschten und mißachteten litterati« einer späten Zeit mit Furcht vor dem Untergang und dem endgültig Ende Mythen so anziehen, weil sie die Lebendigkeit, die Anschaulichkeit, die leuchtende Bildhaftigkeit einer Welt haben, über der Morgenlicht liegt?

Die Aufzeichnung der Uralten Dinge
Japan

Die Epoche der Geister

Nun, da das Chaos angefangen hatte, dichter zu werden, aber noch keine Kraft oder Form sich herausgestellt hatte, war noch nichts benannt oder noch nichts getan. Wer konnte auch die Form der Dinge wissen? Trotzdem teilten sich Himmel und Erde von einander, und Drei Geister begann mit ihrer Arbeit:
Der Geist-Meister des Heiligen Mittelpunktes des Himmels,
der heilige, hohe, wunderliche, schöpferische Geist,
der heilige wunderbare schöpferische Ahne.
Diese erschienen spontan und verschwanden danach wieder. Aber die junge Erde trieb nun wie fließendes Öl, und da sprang etwas auf wie ein roter Schößling, aus dem die beiden Geister hervortraten:
Der Angenehme Gras-Sproßen-Prinz Uralt und
der Geist, der ewig am Himmel steht.
Danach aber wurden spontan geboren die folgenden Paare, die auch wieder auftauchten und verschwanden:

Der Geist, der Ewig auf Erden steht und der Leuchtende Alles Zusammenfassende Meister Geist;

Lehm-Erden Herr und seine jüngere Schwester Lehm-Erden Dame,

der die Keime verbindende Geist und seine jüngere Schwester, der Lebensverbindende Geist,

der Geist des Alten vom Großen Platz und der seiner jüngeren Schwester, der Geist der Dame vom Großen Platz;

der Vollkommen Äußere Geist und dessen jüngere Schwester, die Schreckliche Dame und

der Mann, der einlädt und seine jüngere Schwester, das Weib, das einlädt.

Woraufhin all diese Himmlischen Geister letzterem Paar befahlen zu schaffen, festzufügen und hervorzubringen dieses treibende Land Japan. Und sie gaben diesen beiden den Juwel-Speer. Und diese Beiden, die auf der Treibenden Brücke des Himmels standen, griffen hinab und rührten mit dem Juwelenspeer um. Und als sie lange genug in der Salzsole herumgerührt hatten, machte es brodel, brodel, sie hoben den Speer und die Salzsole tropfte von seiner Spitze ab, türmte sich auf, und es wurde eine sich selbst verdichtende Insel, auf die das heilige Paar hinabstieg.

Es errichtete dort das Gebäude der Heiligen Himmlischen Säule und eine Halle der Acht Faden, worauf Seine Heiligkeit, der Mann, der einlädt Ihre Heiligkeit, das Weibliche Wesen, fragte:

»In welcher Weise ist dein Körper beschaffen?«

Sie erwiderte:

»Mein Körper wächst, aber es gibt einen Teil, da wächst er nicht zusammen.«

Und Seine Heiligkeit, das Einladende Männliche Wesen, sprach: »Mein Körper wächst auch, aber ein Teil wächst im Übermaß. Und deswegen scheint es mir angemessen, wenn ich jenen Teil meines Körpers in den Teil deines Körpers stecke, der nicht zusammenwachsen will.«

Ihre Heiligkeit, die Frau, welche einlädt, antwortete:
»Das wäre nicht übel.«
Und seine Heiligkeit, der Mann, der einlädt, sagte zu ihr:
»Laß uns um die Heilige Himmlische Säule gehen, und wenn wir zusammentreffen, laß uns unsere Heiligen Körper vereinigen.«
Dem stimmte sie zu, und dann sagte er:
»Geh du rechts herum, und ich werde links herum-gehen.«
So hielten sie es, und als sie sich trafen, sagte das Heilige Weibliche Wesen:
»Ach, was für ein schöner junger Mann!«
Worauf das Heilige Männliche Wesen rief:
»Ach, was für ein schönes junges Mädchen!«
Aber als diese ersten beiden Äußerungen gefallen waren, sagte Seine Heiligkeit zu der Heiligen Schwester:
»Es ist nicht recht, daß die Frau zuerst spricht.«
Dennoch betraten sie die Kammer und zeugten einen Sohn namens Lauch, den sie in ein Boot aus Schilfgras setzten und ihn treiben ließen. Sie schufen die Schaum-Insel, die, als sie sich als Versager erwies, nicht zu ihren Nachkommen gerechnet wird.
Die beiden heiligen Geister pflegten nun Rat.
»Die Kinder, denen wir das Leben geschenkt haben«, sagte sie, »sind nicht gut. Wir sollten dies besser an Hei-liger Stelle berichten.«
Sie stiegen hinauf. Und nachdem sie von Dero Heilig-keit, den Heiligen Geistern, befragt worden waren, überlegten jene die Angelegenheit und erklärten dann:
»Die Nachkommen sind nicht geraten, weil die Frau das erste Wort hatte. Geht zurück und sagt alles noch ein-mal.«
Also stiegen die beiden wieder hinab und rannten um die Himmlische Säule wie beim ersten Mal. Diesmal jedoch sprach das Männliche Heilige Wesen zuerst: »Ach, was für ein schönes Mädchen!« und seine jüngere Schwester

rief aus: »Ach, was für ein schöner junger Mann!« und darauf vereinigten sie sich. Sie empfingen und brachten hervor und benannten die acht Inseln Japans. Sie zeugten, brachten hervor und benannten dreißig Heilige Geister der Erde, des Meeres, der Jahreszeiten, der Winde, der Bäume, der Gebirge, Moore und des Feuers. Zuletzt jedoch versengte der Feuerbrennende-Rasche-Männliche Geist die Heiligen weiblichen Körperteile seiner Mutter, während sie ihn gebar. Da wurde sie krank und mußte sich niederlegen.

Die Geister, die entstanden, als sie sich erbrach, waren der Prinz des Metallgebirges und die Prinzessin des Metallgebirges. Aus ihrem Kot aber entstanden der Prinz des Klebrigen Tons und die Prinzessin des Klebrigen Tons, aus ihrem Urin die Geisterprinzessin des Wassers und der Junge Wunderbar Schöpferischer Geist. Dann aber verstarb die Heilige Frau.

Und das Heilige Männliche Wesen sagte:

»Ach, meine geliebte Schwester. Lieber hätte ich eines der Kinder hingegeben als dich!«.

Dann begrub er seine Heilige Schwster auf dem Berg Hiba an der Grenze zwischen den Ländern Izumo und Hahoki.

Und das Heilige Männliche Wesen zog sein Schwert, zehn Handspannen lang, das heilig ihm umgürtet hing und hieb dem Feuerbrennenden-Raschen-Männlichen Geist den Kopf ab. Aus dem Blut aber, das dabei herabtropfte, entstanden viele Felsen.

Worauf Seine Heiligkeit, der seine Heilige Schwester wiedersehen wollte, hinab in das Land der Nacht stieg. Und aus dem Palast, der dort steht, kam sie ihm entgegen, und er sprach zu ihr:

»Ach meine schöne jüngere Schwester. Die Länder, die ich und du gemacht haben, sind noch nicht fertig. Würdest du deshalb bitte wieder mit zurückkommen?«

Die Heilige Frau antwortete:

»Schade, daß du nicht eher gekommen bist, denn ich

habe an diesem Ort schon Nahrung zu mir genommen. Doch bin ich von deiner Einladung so geschmeichelt, daß ich zurückzukehren wünsche. Ich werde jetzt die Angelegenheit mit den Geistern in diesem Palast besprechen. Ich beschwöre dich, sieh mich nicht an.«
Und sie ging wieder zurück in den Palast.

Aber sie verweilte dort sehr lange. Seine Heiligkeit, Das Erste Männliche Wesen, konnte nicht warten, und er brach eine Zinke des riesigen Kammes ab, der in seinem Heiligen Haarschopf steckte. Er zündete sie an, betrat den Palast und sah sich um. Da lag sie, ihr Körper war schon ganz in Verwesung übergegangen. Maden krochen durch ihren Körper. In ihrem Kopf wohnte der Große Donner, in ihrer Brust der feurige Donner, in ihrem Bauch das Erdbeben, unter ihrem linken Arm der Junge Donner, unter ihrem rechten Arm der Schwarze Donner, in ihrem linken Bein der Gebirgs-Donner, in ihrem rechten Bein der Mond-Donner, in ihrem Geschlecht der Spaltende Donner, acht waren es an der Zahl.

Da erschrak er und zuckte zurück, sie aber sagte:
»Du hast mich in Schande gebracht.«

Während er floh, ließ sie ihn verfolgen, und hinter ihm her rannte die Häßliche Frau aus dem Land der Nacht. Aber das Heilige Männliche Wesen nahm seinen Heiligen schwarzen Haarschmuck ab, warf ihn hinter sich und dieser verwandelte sich augenblicklich in Trauben (Wortspiel kuro-mi katsura und ebi katsura). Und während sie die Trauben einsammelte und aß, gewann er einen Vorsprung. Sie verfolgte ihn weiter.

Er warf seinen großen Kamm ab. Daraus wurden Bambussprossen. Und während sie sie ausrupfte und aß, gewann er abermals einen Vorsprung.

Ihre Heiligkeit das Weibliche Wesen schickte ihm nun die acht Donnergeister nach, und hinter ihnen kamen alle Krieger aus dem Nachtland, eintausendfünfhundert an der Zahl. Er aber zog sein Heiliges Schwert, hieb damit hinter sich und floh dann weiter. Aber als sie ihm immer noch nachsetzten, verbarg er sich am Fuß eines großen Pfirsichbaumes am Flachen Hügel an der Grenze zwischen dem Reich der Toten und der Lebendigen. Und als sie herankamen, warf er drei Pfirsiche nach ihnen.

Da machten sie endlich kehrt.

Und das Heilige Männliche Wesen sprach zu diesen Pfirsichen:

»Gerade so, wie Ihr mir geholfen habt, so müßt Ihr auch den Leuten im Mittelland der Schilfebenen helfen, wenn sie in Schwierigkeiten kommen.« (Daraus resultiert in Japan die Vorstellung, man könne böse Geister mit Pfirsichsteinen vertreiben.) Und er machte die Pfirsiche zu einer Heiligen Frucht.

Endlich kam Ihre Heiligkeit, die Prinzessin, selbst hinter ihm dreingerannt. Da nahm er einen Felsen, den nur tausend Männer aufheben können. Den setzte er mitten auf den Weg hinter sich.

Diesseits und jenseits des Großen Felsens stehend, nahmen sie Abschied von einander.

»Wenn du mich wirklich verläßt«, sagte sie, »werde ich jeden Tag tausende von Menschen in deinem Land töten.« Da entgegnete Seine Heiligkeit das Männliche Wesen:

»Meine hübsche jüngere Schwester, wenn du das tust, werde ich dafür sorgen, daß jeden Tag fünftausend Frauen Kinder gebären.

Ihre Heiligkeit, die Frau, die einlädt, wird deswegen der Große Geist aus dem Land der Nacht genannt. Und da sie ihrem Bruder nachlief, heißt sie auch, das Geist, der seine Hände über die Wege hin ausstreckt. Der Fels aber, mit dem er den Weg aus dem Land der Nacht verschloß, wird geheissen Großer Geist auf der Straße zurück oder die Tür ins Land der Nacht.«[1]

Schwester Sonne und Bruder Mond
Eine Mythe der Eskimo / Nordamerika

In alten Zeiten lebten ein Bruder und eine Schwester in einem großen Dorf. Dort gab es auch ein Tanzhaus, und jede Nacht vergnügte sich die Schwester dort mit ihren Freunden. Der Bruder aber, der heftig in sie verliebt war, wurde immer eifersüchtiger. Einmal spät nachts, als die Lampen im Tanzhaus schon ausgemacht worden waren, kam jemand herein und nahm das Mädchen. Sie konnte nicht erkennen, wer der Mann gewesen war. Sie aber hatte in Ruß gegriffen und den Rücken des Mannes damit beschmiert. Als sie die Lampen wieder anzündeten, sah sie, daß es ihr Bruder gewesen war. In großer Wut schärfte sie ein Messer und schnitt sich ihre Brüste ab. Sie hielt sie ihm hin und schrie:
»Da du sie ja so sehr begehrst, warum ißt du sie nicht auch gleich.«
Aber die Leidenschaft ihres Bruders nahm noch weiter zu. Sie floh vor ihm und rannte fort. Sie griff jenes Stück Holz, mit dem die Lampen in Ordnung gehalten wurden, die jetzt hell brannten und lief so schnell sie konnte. Auch ihr Bruder hatte ein Holzscheit ergriffen, aber er stürzte und das Licht erlosch. Nur noch ein schwaches Glühen ging von dem Holz aus.
Da kam etwas, faßte sie beide um die Hüften und trug sie hinauf in den Himmel. Dort setzten sie ihre Jagd fort. Die Schwester wurde die Sonne, der Bruder aber der Mond. Und wann immer der junge Mond erscheint, beginnt die Schwester ein ängstlich-wehmütiges Lied zu singen.[2]

Tag und Nacht
Eine Mythe
der Warao/Venezuela

Gott existierte schon lange, lange Zeit, aber die Dunkelheit gab es noch nicht; immer war Tageslicht. Nie war Nacht. Nun besaß Gott zwei Kürbisbäume in seinem Haus, und er hatte den Indianern befohlen, sie nicht zu berühren. Eines Tages fragte ein Indianer ihn:

»Warum sollen wir sie denn nicht anfassen?«

»Weil ich in der Lage sein will, euch zu sehen!« war seine Antwort.

Also berührten sie sie nicht, wenn Gott dabei war.

Später, als Gott nicht hinschaute, gingen sie hin und faßten die Kürbisbäume an, und in den Bäumen hörten sie ein merkwürdiges Geräusch, als wenn da Wasser fließe. Und dann wurde es dunkel, und Gott fragte:

»Warum habt ihr die Bäume angerührt?«

Die Indianer sahen sich um, vermochten aber nichts mehr zu erkennen. Sie sahen nichts in der Nähe, sie sahen nichts in der Ferne, sie sahen nicht einmal das Gesicht des anderen, und Gott sprach: »Dies ist die Nacht, und ich will, daß ihr alle schlaft!« Nachdem sie nun eine lange Zeit geschlafen hatten, wachten sie auf, und es war immer noch dunkel. Sie legten sich abermals schlafen, und als sie das nächste Mal aufwachten, kam gerade die Morgendämmerung. Es wurde Tag, alles war gut und Gott sprach:

»War das nicht ein guter Einfall, es Tag werden zu lassen, dann Nacht und schließlich wieder Tag?«

Und die Indianer antworteten:

»Sehr gut!«

Und Gott bestimmte, daß es so bleiben sollte.

»Von nun an werdet ihr immer schlafen gehen und aufwachen«, sagte er zu den Indianern. Das ist der Grund warum er es einrichtete. Wenn es damals nicht geschehen wäre, gäbe es so etwas wie Dunkelheit nicht. Wenn die

Indianer Gott gehorcht hätten, wäre immer Tag. Nun, so war es nicht. Die Söhne Gottes taten, was sie nun einmal getan haben und deswegen nahm es auch ein schlechtes Ende. Mehr habe ich nicht zu erzählen.[3]

Die Entstehung der Affen
Kabylen / Nordafrika

Man erzählt sich viele Schlechtigkeiten, die die erste Mutter der Welt begangen hat, um Unglück unter die Menschen zu bringen. Man kann wochenlang erzählen von all dem Übel, das sie angerichtet hat, ehe sie vom Monat Inajär in Stein verwandelt wurde. Eines Tages, als sie noch lebte, traf sie ein Kind (dies Kind war ein Knabe) und sagte zu ihm: »Wenn man eine Platte Kuskus erhält, auf der nur Kuskus ist, und man sich am Kuskus satt gegessen hat, ohne Fleisch in dem Gericht zu finden, soll man sich über den Rest des Kuskus setzen und sich darauf entleeren. Tue dies also in Zukunft.«

Das Kind ging. Das Kind traf wenig später ein Mädchen, das trug eine Schale mit Essen. Das Kind sagte: »Halte an, laß uns gleich davon essen.« Das Mädchen setzte die Platte hin. Das Kind und das Mädchen aßen von dem Kuskus. Sie aßen sich ganz satt, und es blieb noch viel Kuskus auf der Schüssel. Es war bis dahin aber kein Fleisch zum Vorschein gekommen. Vielleicht war unten drunter noch Fleisch. Das Kind sagte: »Ich bin satt. Nun wollen wir das tun, was mir die erste Mutter der Welt gesagt hat. Ich habe mich an diesem Kuskus gestärkt, ohne Fleisch zu finden. Nun will ich mich darauf entleeren.« Das Mädchen sagte: »Laß das!«

Ehe aber das Mädchen es noch wehren konnte, hatte das Kind sich über dem Kuskus entleert. Das Kind sagte zu dem Mädchen: »Tue es doch auch. Die erste Mutter der Welt hat es gesagt!« Das Mädchen sagte: »Nein, ich tue es nicht.« Das Mädchen warf seine Kleider über den

Kuskus. Seitdem deckt man den Kuskus zu, sobald er fertig bereitet ist.

Der Knabe wollte das Mädchen fangen und dazu zwingen, sich über den Kuskus zu entleeren. Das Mädchen lief fort. Da wurde der Knabe im Lauf zu einem Ibkí (oder ivkí), einem der Affen, die im Djurdjura herumspringen, das Mädchen aber wurde zu einem Rebhuhn und bekam zum Lohn dafür, daß es den Kuskus zugedeckt hatte, ein schönes Federkleid. Der Affe sprang hinter dem Rebhuhn her. Das Rebhuhn flüchtete sich aber in die Felsen.

Vordem waren die Affen im Hause. Seitdem aber der Knabe zur Strafe für seine Mißachtung des Kuskus in einen Affen verwandelt wurde, seitdem leben die Affen in den Felsen.[4]

Die erste Mutter der Welt formt neue Tiere
Kabylen/Nordafrika

Die erste Mutter der Welt ging mit den Tieren hart um und hat so mehreren Tieren eine besondere Eigenart gegeben, die sie nicht wieder abstreifen können.

Das erste Tier, das unter der unbarmherzigen Härte der ersten Mutter der Welt so litt, war der Igel. Der Igel (inisi, Plur.: inisivuen; in einem anderen Dialekt der Kabylen: akenephut; Plur.: ukenephielt) war ursprünglich wie ein kleiner Mensch gestaltet. Er trug auch wie ein solcher ein Ohrgehänge. Wenn man den Kopf des Igels genau betrachtet, erkennt man, daß er noch heute ähnlich wie ein kleiner Menschenkopf gestaltet ist. Die erste Mutter der Welt hat nun bei folgender Veranlassung dem Igel sein heutiges Kleid gegeben.

Die erste Mutter der Welt hatte die Schafe gemacht und ihnen Wolle abgeschnitten. Sie hatte sich zwei Ikardeschen (Sing: akardesch, Hölzer mit vielen kleinen Nägelstiften zum Reißen und Zerfasern der Wolle) gemacht und bearbeitete die Wolle mit den Ikardeschen. Sie legte einmal die Ikardeschen beiseite und ging hinaus. Der Igel, der in der Kammer war, sah die Ikardeschen und nahm sie. Er trug sie aus dem Hause und spielte damit. Die erste Mutter der Welt kam herein und suchte die Ikardeschen, fand sie aber nicht. Sie ging hinaus und sah den Igel mit ihnen spielen. Da wurde sie böse, nahm die Ikardeschen und schlug sie dem Igel um die Ohren. Die Stacheln blieben an dem Igel hängen, und seitdem läuft der Igel mit ihnen umher.

Das zweite Tier, das unter der ersten Mutter der Welt zu leiden hatte, war das Stachelschwein (errui; Plur.: erruien). Das Stachelschwein war vorher ein junges Schaf. Es war einmal im Hause der ersten Mutter der Welt, deren Hauptbeschäftigung es war, die Spindel (thíthdé[i] zu drehen. Sie hatte viele Spindeln in ihrem Hause. Das junge Schaf war allein in dem Raume und nahm eine Spindel nach der andern und zerbrach sie. Das kleine Schaf zerbrach alle Spindelschäfte, so daß die Holzsplitter rundherum auf der Erde lagen.

Nach einiger Zeit kam die erste Mutter der Welt herein und sah alle die Holzsplitter und was das junge Schaf angerichtet hatte. Da wurde die erste Mutter der Welt böse, schlug das junge Schaf und warf es hin. Das junge Schaf warf sich schmerzerfüllt zwischen die Holzsplitter, und alle blieben in ihm hängen. Endlich ließ die erste Mutter der Welt das junge Schaf frei; es lief hinaus und in den Wald.

So wurde aus dem jungen Schaf das Stachelschwein, das nun auch nicht mehr im Hause, sondern draußen im Wald lebt und sich von wilden Knollen (awgŏck) und wilden Zwiebeln (léb'sel – buschen) ernährt. Es hat die Holzsplitter als Stacheln behalten, kann sie aber, wenn es angegriffen wird, als Geschosse gegen andere Tiere und auch gegen Menschen verwenden. Das Stachelschwein kann mit seinen Stacheln werfen. Sein Fleisch ist aber das beste, das es gibt. Es ist ein sicheres Heilmittel, man muß es aber, mit Knoblauch (thischért) gemischt, im Dunkeln im Adäinin (Viehstall) genießen.

Das dritte Tier endlich, das unter dem Zorn der ersten Mutter der Welt litt, war die Schildkröte. Die Schildkröte war ursprünglich ein Kalb, und zwar ein ganz junger Stier. Seine Mutter, eine Kuh, lief nahe dem Gehöft einmal direkt an einem Abhang entlang an der Stelle, an der die erste Mutter der Menschheit ihr Korn auf einer aus zwei Steinen bestehenden Handmühle zu mahlen pflegte. An dieser Stelle gab die Kuh dem Stierkalb einen Tritt. Das Stierkalb flog zur Seite und gegen die Handmühle. Die Handmühle – also die beiden Mühlsteinscheiben – rollte den Abhang hinunter in das Tal.

Die erste Mutter der Menschheit wollte nun Mehl mahlen. Sie suchte und suchte und fand die Mühle nicht. Alle waren hungrig. Da mußte die erste Mutter der Welt das Mehl mühsam mit dem Steinstößel (thauthischt) auf der Steinschale (thaphlat; – diese Stößelmehl»mühle« ist heute noch als Ersatz für die andere fast in jedem kabylischen Gehöft in irgendeinem Winkel zu finden) zermalmen. Alle gingen trotzdem hungrig zu Bett. Am andern Morgen untersuchte die erste Mutter der Welt die Sache und erfuhr nun, wie sich alles abgespielt hatte. Sie wurde so zornig, daß sie dem Stierkalb den einen Mühlstein auf den Rücken, den anderen auf die Brust warf und sagte: »So laufe herum!«

Zur Kuh, die dem Stierkalb den Tritt versetzt und damit das ganze Unglück angerichtet hatte, sagte sie aber: »Wenn in Zukunft dieses Kind wieder mal an deinem Euter säugt, soll deine Milch versagen.« Und so ist es geblieben. Die Kabylen treiben heute noch ihre Kühe möglichst schnell durch jedes Wasser, damit ja nicht eine Schildkröte das Euter einer Kuh erreiche und daran sauge; denn das tun die Schildkröten sehr gern, da sie ja aus einem Stierkalb hervorgegangen sind. Gelingt das einer Schildkröte, so verhärten sich sogleich die Zitzen der Kuh, und sie gibt nie wieder Milch.[5]

Wie der erste Regen kam
Ekoi / Afrika

Einmal vor langer Zeit wurde Obassi Osaw eine Tochter
geboren, und ein Sohn dem Obassi Nsi. Als beide Kinder ins heiratsfähige Alter gekommen waren, schickte
Nsi eine Botschaft:

»Laß uns unsere Kinder austauschen. Ich werde dir meinen Sohn senden, damit er deine Töchter heiratet.
Schicke du mir deine Tochter in meine Stadt, sie soll
meine Frau werden.«

Damit war der Obassi Osaw einverstanden. Also wurde
der Sohn des Nsi mit vielen schönen Geschenken hinauf
in den Himmel geschickt, und Ara, das Himmelsmäd-
chen, kam herab, um auf der Erde zu wohnen. Mit ihr
kamen sieben männliche und sieben weibliche Sklaven,
die ihr ihr Vater mitgegeben hatte. Er wollte nicht, daß
sie alle Arbeit tun müsse.

Eines Tages, sehr früh am Morgen, sprach Obassi Nsi zu
seiner neuen Frau: »Geh, und arbeite auf dem Felde!«

Sie antwortete: »Mein Vater hat mir Sklaven mitgegeben,
damit sie für mich arbeiten. Schick sie aufs Feld statt meiner.«

Obassi Nsi wurde sehr zornig und sprach: »Hast du
nicht gehört, was ich dir befohlen habe. Du sollst für
mich arbeiten. Was die Sklaven angeht, so werde ich
ihnen schon sagen, was zu tun ist.« Das Mädchen ging,
wenn auch sehr unwillig, und als am Abend zurückkam,
sagte Nsi zu ihr: »Geh sofort zum Fluß, und hol Wasser
für den Haushalt.«

Sie antwortete: »Ich bin sehr müde von der Arbeit auf
dem Feld, könnten nicht wenigstens das die Sklaven tun,
während ich mich ausruhe?«

Doch auch dies lehnte Nsi ab. Er trieb sie an. Sie lief viele
Male hin und her mit den schweren Krügen. Es war
längst dunkel geworden, ehe sie genug herbeigebracht
hatte.

Am nächsten Morgen, hieß Nsi sie die schmutzigsten und unangenehmsten Arbeiten tun. Den ganzen Tag war sie damit beschäftigt, zu kochen, Wasser zu holen und das Feuer wieder anzuzünden. An diesem Abend war sie völlig erschöpft, als sie sich hinlegte, um zu schlafen.

Beim Morgengrauen des nächsten Tages sagte Nsi: »Los, bring mir mehr Feuerholz!«

Nun war das Mädchen noch sehr jung und ungeübt in solcher Arbeit, und als sie zurückkam mit ihrer schweren Last, da weinte sie. Als das der Nsi sah, rief er:

»Hierher! Und wirf dich vor mir auf den Boden. Ich will dich vor all meinen Leuten beschämen.«

Darauf weinte das Mädchen bitterlich.

Bis zum Mittag des folgenden Tages bekam sie nichts zu essen, und auch dann nicht genug. Als sie das wenige aufgegessen hatte, das man ihr hinstellte, sagte Nsi zu ihr:

»Geh hinaus und bring ein großes Bündel mit Fisch-gift.«

Das Mädchen ging in den Busch, um nach der Pflanze zu suchen, aber als sie durch das dichte Unterholz lief, trat sie sich einen Dorn in den Fuß. Da lag sie nun ganz allein. Den ganzen Tag lag sie dort mit Schmerzen, aber als die Sonne sank, fühlte sie sich besser. Sie stand auf, und es gelang ihr, hinkend, nach Hause zurückzukehren.

Als sie eintrat, sprach Nsi zu ihr:

»Heute morgen habe ich dir befohlen, Fischgift zu sammeln. Du bist den ganzen Tag fortgeblieben und jetzt bringst du nichts.«

Er sperrte sie in den Schafstall und sagte:

»Heute nacht kannst du bei den Schafen schlafen. Ins Haus kommst du mir heute nicht.«

An diesem Abend bekam sie auch nichts zu essen. Zeitig am nächsten Morgen öffnete einer der Sklaven das Tor vom Schafstall. Da fand er das Mädchen dort liegen. Ihr Fuß war stark angeschwollen und schmerzte. Sie konnte nicht gehen, so mußte sie nun fünf Tage bei den Ziegen verbringen. Danach fing der Fuß an besser zu werden.

Sobald sie wieder laufen konnte, rief Nsi sie und sprach:

»Hier ist ein Topf. Geh damit zum Fluß, und bring ihn randvoll zurück.«

Sie brach auf, und als sie zum Wasser kam, setzte sie sich am Ufer nieder und hielt den Fuß in das kühlende Naß. Sie sagte zu sich selbst:

»Ich gehe nie zurück; es ist besser, ich bleibe hier allein.«

Nach einer Weile kam einer der Sklaven hinunter zum Fluß. Er fragte sie, warum sie nicht zurückkomme.

Das Mädchen sagte: »Ich komme nie mehr zurück.«

Als der Sklave fort war, dachte sie:

»Jetzt wird er es ihnen sagen. Sie werden wütend sein. Dann werden sie kommen und mich töten. Vielleicht sollte ich doch lieber zurückgehen.«

Also füllte sie den Topf. Sie versuchte ihn auf den Kopf zu heben, aber er war zu schwer. Sie stellte ihn auf einen Baumstumpf kniete nieder und versuchte ihn auf ihren Kopf hinüber zu ziehen, der Topf stürzte aber und zerbrach. Eine der Scherben schnitt ihr ins Ohr. Es blutete. Sie begann zu weinen, aber plötzlich dachte sie:

»Mein Vater und meine Mutter leben noch. Warum soll ich denn noch hier bei Obassi Nsi bleiben. Ich gehe einfach zu meinem Vater.«

Also schickte sie sich an, die Straße zu finden auf der sie ihr Vater zur Erde hinab gesandt hatte. Sie kam an einen hohen Baum und sah, daß von ihm ein Seil herab hing. Da sagte sie zu sich: »Dies muß der Weg sein, auf dem mich mein Vater hergeschickt hat.«

Sie griff nach dem Seil und begann daran hinaufzuklettern. Ehe sie aber die Hälfte geschafft hatte, wurde sie sehr müde und ihre Seufzer und ihr Weinen drangen hinauf zum Königreich des Obassi Osaw. Ein Stück weiter hielt sie an, um ein bißchen auszuruhen. Darauf kletterte sie wieder weiter. Nach langer Zeit erreichte sie das Ende des Seiles. Sie befand sich nun an der Grenze des Landes ihres Vaters. Völlig erschöpft ließ sie sich fallen und weinte. Nun war einer der Sklaven des Obassi Osaw ausgeschickt worden, um Feuerholz zu sammeln, zufällig dorthin gelangt, wo das Mädchen saß, und als er ihre Seufzer und die unter Tränen hervorgestoßenen Worte hörte, lief er schnell in die Stadt zurück und rief:

»Da draußen sitzt unsere Ara, nicht weit von hier. Sie weint und stöhnt.«

Obassi mochte es nicht glauben. Dennoch sagte er:

»Nimm zwölf Sklaven, und wenn du meine Tochter findest, so bring sie heim.«

Das geschah, und als der Vater sie kommen sah, rief er:

»Bringt sie in das Haus ihrer Mutter!«

Dort war nun eine unter den Frauen zweiten Ranges mit Namen Akun, die erhitzte Wasser und badete das Mädchen und dann bereitete sie ihr ein Lager und deckte sie gut zu mit weichen Fellen.

Während das Mädchen ruhte, tötete Obassi einen Jungen und schickte ihn zu Akun. Er hieß sie, ihn für seine Tochter zu kochen. Akun nahm ihn, wusch ihn und steckte ihn dann als Ganzes in einen Topf. Obassi hatte auch Gemüse und Früchte mitgeschickt. All das wurde dem Mädchen vorgesetzt. Nachdem sie gegessen und getrunken hatte, kam Obassi mit vier Sklaven herüber. Sie trugen eine große Kiste aus Elfenbein. Die wurde vor dem Mädchen hingestellt, der Vater öffnete sie und sagte:

»Du kannst aus dieser Kiste nehmen, was immer dir gefällt.«

Ara wählte zwei Stück Tuch, drei Kleider, vier kleine Lendentücher, vier Spiegel, vier Löffel, vier Paar Schuhe, vier Kochtöpfe und vier Perlenketten.

Ihre Mutter schenkte ihr fünf Kleider, eines schöner als das andere, und fünf Sklaven, die sie bedienen sollten. Obassi Osaws Schatzmeister trat vor und brachte ihr zwölf Armreifen. Akun aber gab ihr zwei Kleider, einen

Stock und ein hölzernes Messer. Darauf sagte Obassi Osaw:

»Ein Haus steht bereit für dich, begib dich dort hin und sei dort die Herrin.«

Darauf rief er alle Häuptlinge zusammen und befahl ihnen:

»Geht und bringt den Sohn des Obassi Nsi her. Schneidet ihm beide Ohren ab, dann verprügelt ihn und jagt ihn auf die Straße, die zur Stadt seines Vaters führt. Diesem soll er von mir ausrichten: Ich habe ein großes Haus in meiner Stadt gebaut, ich hab es seinem Sohn geschenkt und ich habe seinen Sohn freundlich behandelt. Aber nun, nachdem ich weiß, was er meiner Tochter angetan hat, schicke ich ihm seinen Sohn ohne Ohren zurück. Ich habe sie ihm abschneiden lassen, als Bezahlung für das Ohr, das meine Tochter verloren hat.«

Als die Häuptlinge dem Sohne des Obassi Nsi die Ohren abgeschnitten hatten, brachten sie diese dem Obassi Osaw. Den Burschen aber trieben sie die Straße hinunter, die zur Erde führte.

Osaw nahm die Ohren und machte damit ein großes JuJu (JuJu = alle unbegreiflichen und geheimnisvollen Kräfte der Natur). Da erhob sich ein starker Wind und trieb den Jungen ostwärts. Mit sich führte dieser Wind aber auch alle Seufzer der Ara und die Tränen, die sie ob der Grausamkeit des Obassi Nsi vergossen hatte. Der Junge stolperte voran, halb blind durch den Regen, und während er ging dachte er:

»Obassi Osaw mag mit mir tun, was er will. Er ist nie zu mir unfreundlich gewesen, und nur in Vergeltung der Grausamkeiten meines Vaters muß ich all das erleiden.«

Seine Tränen vermischten sich mit denen Aras und fielen als Regen auf die Erde.

Bis dahin hatte es keinen Regen auf der Erde gegeben. Regen fiel zum erstenmal, als Obassi Osaw den großen Wind machte und den Sohn seines Feindes forttrieb.[6]

Ananses Karriere oder
Wie die Blindheit auf die Welt kam
Eine Mythe der Krachi / Afrika

Im Anfang der Tage lebten der Wulbari(Gott) und der Mensch nahe beieinander. Wulbari lag auf Muttererde, die Asase Ya heißt. Da geschah es, daß dem Gott der Mensch mißfiel, weil nämlich da so wenig Platz war, um sich zu bewegen. Also erhob er sich und ging fort zu jenem Ort, an dem man ihn heute immer noch bewundern, aber nicht erreichen kann.

Es war allerlei was ihn störte. Eine alte Frau, die ihr kleines Fufu (Brei aus Yam-Wurzeln) vor ihrer Hütte machte, schlug Wulbari mit ihrem Stössel. Das tat ihm weh, und als sie damit fortfuhr, sah er sich gezwungen fortzugehen. der Rauch der Feuer kam ihm in die Augen. Also ging er noch weiter fort. Andere aber sagen, als Wulbari noch unter den Menschen wohnte, habe er ein höchst brauchbares Handtuch erfunden, aber die Menschen hätten dann immer ihre schmutzigen Finger daran abgewischt. Das ärgerte ihn natürlich. Doch das war alles gar nichts gegen den Ärger, den We, der Wulbari des Kassenavolkes, bekommen hatte, und der ihn veranlaßte, sich den Menschen zu entziehen. Er machte sich davon, weil eine alte Frau bei jeder Mahlzeit, sofern sie Suppe kochte, ein Stück von ihm abschnitt. Und das wurde ihm auf die Dauer doch zuviel.

Als sich der Wulbari in seiner neuen Behausung eingerichtet hatte, bestellte er zu Dienern hauptsächlich Tiere. Alles ging so lange gut, bis eines Tages Ananse, die Spinne, welche Hauptmann der Wache war, den Wulbari fragte, ob dieser ihm nicht einen Maiskolben geben könnte.

»Gewiß doch«, sagte der Wulbari, aber wofür Ananse den Maiskolben denn haben wolle?

Ananse sagte:

»Herr, ich gebe euch hundert Sklaven für einen Maiskolben.«

Darüber lachte der Wulbari.

Aber Ananse meinte, was er sagte. Er ging geradewegs die Straße, die vom Himmel auf die Erde führt, hinunter und erkundigte sich nach dem Weg von den Krachi zu den Yendi. Einige Menschen zeigten ihm den Weg, und Ananse brach auf. An diesem Abend kam er bis nach Tariasu. Dort bat er den Häuptling um eine Behausung, und man zeigte ihm eine Hütte. Als es Zeit wurde, zu Bett zu gehen, nahm er den Maiskolben und fragte den Häuptling, wo er ihn sicher aufbewahren könne.

»Dies ist der Mais des Wulbari; er hat mich mit einer Botschaft zu den Yendi geschickt, und diesen Maiskolben darf ich nicht verlieren.«

Also zeigten ihm die Leute einen guten Schlafplatz im Dachgeschoß, und alle gingen sie zu Bett. Aber Ananse stand in der Nacht auf, gab den Mais dem Geflügel, und als der Tag anbrach, fragte er nach dem Maiskolben. Da erhob Ananse ein großes Geschrei und war nicht eher zufrieden, bis die Leute von Tariasu ihm einen ganzen Korb voll Mais gaben. Darauf setzte er seinen Weg fort, aber nach einem kurzen Stück ließ er sich am Wegrand nieder und tat so, als sei er müde von der schweren Last. Da kam ein Mann mit einem lebendigen Huhn an der Hand vorbei, das er auf einem Feld eingefangen hatte. Ananse grüßte, und bald waren sie Freunde.

Ananse sagte, er habe Hühner gern, so gern, daß er für ein einziges Huhn einen ganzen Korb voll Mais geben würde, wenn der Mann einverstanden wäre. Ein solches Angebot erhielt man nicht jeden Tag, der Mann war einverstanden, und Ananse trug das Huhn mit sich fort.

An diesem Abend kam er nach Kpandae. Er begrüßte den Häuptling und bat ihn um ein Lager für die Nacht. Dies wurde ihm bereitwillig gewährt.

Ananse gab vor, sehr müde zu sein und ging zeitig zu Bett. Zuvor jedoch zeigte er den Leuten das Huhn und erklärte ihnen, der Wulbari habe es ihm mitgegeben, und er müsse es bei den Yendi abliefern. Seine Gastgeber waren hinreichend beeindruckt. Sie zeigten ihm ein hübsches, ruhiges Hühnerhaus, das völlig sicher zu sein schien. Dann legten sie sich alle schlafen.

Aber Ananse schlief nicht. Sobald er hörte, daß alles schnarchte, stand er auf und opferte das Huhn. Er ließ dessen Kadaver hinter einem Busch liegen, aber etwas Blut und Federn schmierte er an die Tür der Häuptlingshütte. Darauf kroch er wieder in sein Bett. Beim Morgengrauen sprang Ananse auf, erhob ein lautes Geschrei, klagte, daß das Huhn fort sei, das er nun gewiß seinen Posten als Hauptmann der göttlichen Wache verlieren und daß das Dorf von nun an vom Unglück verfolgt sein werde.

Das Geschrei lockte alle aus den Hütten. Unterdessen war es schon hell geworden. Groß war die Empörung, als die Leute hörten, was da geschehen war, und Ananse plötzlich auf das Blut und die Federn an der Häuptlingshütte wies. Jedes Leugnen wäre zwecklos gewesen.

Die Federn stammten jedenfalls von dem Huhn, und da kamen auch die Jungen an, die das tote Tier gefunden hatten. Mehr Beweise brauchte es nicht. Der Häuptling hatte ein Sakrileg begangen, so schrecklich, daß man sich die Folgen gar nicht auszumalen wagte. Alle drängten sich zu ihm heran, baten Ananse ihnen zu vergeben und etwas zu unternehmen, um das Unheil, das unweigerlich kommen würde, von ihnen abzuwenden.

Ananse sagte schließlich, daß ihnen der Wulbari vielleicht vergeben werde, wenn sie ihm nun ein Schaf mitgäben.

»Ein Schaf!« riefen die Leute. »Du sollst so viele Schafe bekommen wie du willst, wenn du nur dieses Unglück von uns fernhälst!«

Mit zehn Schafen gab sich Ananse zufrieden und ging weiter. Er erlebte keine weiteren Abenteuer und erreichte schließlich die Vororte von Yendi mit seinen Schafen. Er war ein wenig müde und setzte sich außerhalb des Dorfes hin und ließ seine Schafe grasen. Als er

nun da so saß, kam eine Gruppe von Leuten weinend und klagend auf ihn zugerannt. Sie trugen einen Leichnam mit sich, und als Ananse grüßte und fragte, was da vorginge, sagten sie ihm, der junge Mann sei auf dem Felde gestorben, und sie trügen ihn nun zum Dorf zurück, um ihn zu begraben. Ananse fragte, ob es noch weit bis ins Dorf sei. Ja, sagten sie. Dann werde doch aber die Leiche auf dem Weg zu verwesen anfangen, meinte Ananse und schlug ihnen vor, ihm den Leichnam gegen zehn Schafe zu überlassen. Das war ein günstiges Geschäft, dünkte es sie. Freilich waren die Leute alle einverstanden. Sie bekamen zehn Schafe, Ananse bekam den Toten. Rasch trieben sie die Schafe davon. Ananse wartete bis es Nacht wurde, dann ging er in den Ort, er schleppte die Leiche auf dem Rücken mit sich. Er kam an das Haus des Häuptlings von Yendi, er grüßte den mächtigen Monarchen und bat ihn um ein Plätzchen, um sich schlafen zu legen. Er fügte hinzu:
»Ich habe bei mir einen Gefährten, den Sohn des Wulbari. Es ist sein Lieblingssohn, und wenn ich auch Hauptmann der Wache des Wulbari bin, so bin ich doch auch der Sklave dieses Jungen. Er ist eingeschlafen, und ich sollte eine Hütte für ihn finden.«
Das dünkte die Leute von Yendi frohe Kunde. Eine Hütte für den Lieblingssohn des Wulbari war schnell gefunden. Ananse legte die Leiche drinnen nieder und bedeckte sie mit einem Tuch, so daß es aussah, als liege da jemand, der schlafe. Ananse kam heraus, und sie gaben ihm Essen. Sie wollten auch den Sohn des Gottes verwöhnen! Ananse trug den Krug und die Schüsseln in die Hütte, leerte sie und brachte sie dann wieder zurück. Die Leute von Yendi fragten nun, ob es ihnen erlaubt sei, zu spielen und zu tanzen, denn es geschehe nicht oft, daß der Sohn eines Gottes bei ihnen zu Besuch sei. Das sollten sie ruhig tun, sagte Ananse, wenn der Junge erst einmal schlafe, könne ihn nahezu nichts mehr wecken, und daß er selbst jeden Morgen den Jungen durchprügeln

müsse, denn durch Rufen und Schütteln bringe er ihn nicht wach. Also spielten und tanzten sie. Als der Morgen kam, stand Ananse auf und sagte, es sei jetzt Zeit für ihn und den Gottessohn, sich auf den Weg zu machen. Er bat einige Kinder des Häuptlings, ihm zu helfen und den Sohn des Wulbari aufzuwecken. Seinen Helfern erklärte er:

»Wenn ihr ihn nicht anders munter bekommt, müßt ihr auf ihn einschlagen, denn auf Rufen allein hört er fast nie.«

Die Kinder taten das, aber der Sohn des Gottes wollte nicht aufwachen.

»Schlagt fester, nur fest!« rief Ananse.

Die Kinder taten wie ihnen geheißen. Aber immer noch wachte der Sohn des Gottes nicht auf. Da ging Ananse selbst nach ihm sehen und kam mit der Nachricht zurück, daß der Sohn tot sei. Groß war die Bestürzung unter den Leuten. Der Häuptling selbst kam, um sich zu überzeugen. Er bot an, seine Kinder zu töten und sogar sich selbst.

Er bot alles an, was er besaß.

Ananse lehnte ab und erwiderte, im Augenblick könne er keinen klaren Gedanken fassen, er sei zu traurig. Er hieß die Leute, den unglücklichen Jungen zu begraben. Während dessen versprach er darüber nachzudenken, was man dem Wulbari als Versöhnungsgeschenk anbieten könne. Den ganzen Tag über war es still in Yendi. Die Leute waren vor Angst wie gelähmt. Am Abend rief Ananse den Häuptling und sprach zu ihm:

»Ich werde jetzt zu Wulbari zurückkehren und ihm sagen müssen, wie sein Sohn gestorben ist. Aber ich will die Schuld dafür auf mich nehmen und euch vor seinem Zorn bewahren. Ihr müßt mir aber hundert eurer besten jungen Männer geben, sie sollen den Tod des Jungen bezeugen.«

Da waren die Leute froh. Sie wählten hundert ihrer besten Männer, und diese machten sich bereit, um die lange

Reise bis in das Land Gottes anzutreten. Der Gott sah ihn mit den jungen Männern kommen und kam heraus, um ihn zu begrüßen und Ananse erzählte ihm, was geschehen war und erklärte ihm, wie er es von einem Maiskolben zu diesen ausgezeichneten jungen Sklaven gebracht hatte. Die Geschichte gefiel dem Wulbari, und er bestimmte, daß von nun an Any Ankon den Namen Ananse bekam, unter dem er uns heute allen bekannt ist. Er wurde nun auch endgültig zum Herr der himmlischen Heerscharen ernannt.

Nun war Ananse aber sehr eingebildet und prahlte mit seiner Schlauheit. Eines Tages ging er sogar so weit zu behaupten, er sei klüger als Wulbari selbst. Das kam dem Gott zu Ohren, und dieser war natürlich sehr aufgebracht über so eine Behauptung. Am nächsten Tag schickte er nach seinem Offizier und eröffnete ihm, er müsse ihm *etwas* bringen. Mehr erfuhr Ananse nicht, er selbst mußte herausfinden, was Gott sich wünschte. Den ganzen Tag dachte Ananse über seine Aufgabe nach. Am Abend lachte Wulbari ihn aus und sprach:

»Du mußt mir *etwas* bringen. Du hast ja damit geprahlt, daß du mir gleich seist, nun beweise es!«

Am nächsten Tag brach Ananse auf, er ging aus dem Himmel dort, um *etwas* zu finden. Plötzlich hatte er einen Einfall. Er setzte sich an den Wegrand hin und rief alle Vögel zusammen. Von jedem borgte er sich eine schöne Feder und schickte sie wieder fort. Rasch machte er sich aus den Federn ein hübsches Kleid und kehrte in die Stadt des Gottes zurück. Dort legte er das Federkleid an und kletterte auf einen Baum gegenüber dem Haus des Wulbari. Bald kam der Gott heraus und sah den prächtigen Vogel. Einen solchen Vogel hatte er noch nie gesehen. Er rief seine Leute zusammen und fragte sie nach dem Namen des schönen Vogels. Aber keiner wußte es, selbst nicht der Elefant, der sonst über alles Bescheid wußte. Er riet dem Gott, sich an Ananse zu wenden, aber Wulbari erklärte, daß ginge nicht, denn er habe den

Herrn seiner himmlischen Heerscharen mit einem Auftrag fortgeschickt. Alle wollten wissen, was für ein Auftrag das sei und Wulbari erklärte, Ananse werden niemals erraten, was er mit *etwas* gemeint habe, nämlich nicht mehr und nicht weniger als die Sonne, den Mond und die Dunkelheit.

Das Treffen endete unter Gelächter darüber, daß nun Ananse auch einmal an einen geraten war, der noch schlauer war als er selbst. Ananse aber in seinem Federkleid hatte genug gehört. Sobald niemand mehr auf der Straße war, kam er von seinem Baum herab und trollte sich davon in den Busch. Dort legte er seine Federn ab. Und ging weit, weit fort. Niemand weiß recht wohin er ging, aber es gelang ihm, die Sonne, den Mond und die Dunkelheit zu finden.

Einige Leute sagen, die Pythonschlange habe sie ihm gegeben, andere sind sich nicht ganz sicher. Auf jeden Fall, als er sie gefunden hatte, steckte er sie in seinen Sack und eilte zu dem Wulbari zurück.

Er kam an seines Herren Haus am späten Nachmittag an. Er wurde von dem Gott begrüßt, der nach einer Weile Ananse fragte, ob er auch *etwas* mitgebracht habe.

»Ja«, sagte Ananse, griff in seinen Sack und holte die Dunkelheit heraus. Da war es völlig dunkel, keiner konnte etwas sehen. Danach holte er den Mond hervor, und jetzt sah man ein wenig. Schließlich zog er die Sonne aus dem Sack, und einige, die zu Ananse hinsahen, wurden blind, weil sie direkt in die Sonne schauten. Andere, die etwas weiter entfernt standen, aber auch hinschauten, wurden blind auf einem Auge. Wer aber gerade in diesem Augenblick die Augen geschlossen hielt, der war am besten dran. Denn er behielt sein Augenlicht. So kam die Blindheit in die Welt, weil der Wulbari *etwas* mitgebracht bekommen wollte, und er Ananses unterschätzt hatte.[7]

Der Ursprung der Eifersucht
Ein Märchen der Nkundo/Kongo, Afrika

Vorbemerkung: Ein kluger Ehemann überläßt die Wahl seiner zweiten Ehefrau seiner ersten Frau. Sie wird gewöhnlich eine nahe Verwandte, eine jüngere Schwester oder Cousine aussuchen, so daß die beiden Frauen, die sich einen Ehemann teilen, harmonisch miteinander leben. Die erste Frau hat dann die Vorstellung, es sei ihr Einfall gewesen, daß ihr Ehemann noch einmal heiraten solle.

Der Specht ist ein wichtiges Mitglied der Vogelfamilie, er ist ein Zauberer und vermag Felsen zu sprengen. Ilelangonda-Itonde erscheint seiner Urenkelin als der Geist des Todes, aber auch als ein Retter. Die Schildkröte war ein Tier, das ihn in ihren Netzen fing. Sie ist das intelligenteste Wesen unter allen Tieren.

Likindas Schwester Botoma war mit einem Mann verheiratet, der Bolonga hieß. Nach einigen Jahren, als es Bolonga gefiel, eine zweite Frau zu nehmen, entschied Botoma, die geeignetste Kandidatin sei Bolumbu, ihre Nichte. Als dieses Mädchen in Bolongas Haushalt eintrat, war bald klar, daß er sie lieber mochte als seine erste Frau, ihre Tante. Sie war ein gehorsames Eheweib und eine gute Köchin, so daß ihr Mann viel mehr Zeit in der Hütte seiner zweiten Frau verbrachte als bei ihrer Tante Botoma.

Und dies war der Anfang aller Eifersucht:

Botoma begann, ihre junge Nichte zu hassen. Sie sann darauf, wie sie sie loswerden könne. Die Gelegenheit bot sich, als sie eines Tages miteinander fischen gingen. Bolonga hatte einen Bach mit einem Damm abgesperrt und hieß nun seine Frauen alle Fische, die aufs Trockene gekommen waren, einzusammeln. Als nun Tante Botoma ihren Korb voll hatte, hieß sie ihre Nichte und Mitehefrau, weiter Fische aufzuheben, sie gehe heim, um zu kochen. Bolumba blieb an der Arbeit. Unter einem Gewirr von Baumwurzeln beugte sie sich in das Bachbett hinab. Tante Botoma kletterte das Ufer hinauf, ging zum

Damm, der aus Holzpfählen gebaut war und riß einige der Pfähle heraus. Das Wasser schoß in das leere Bachbett ein und riß Bolumba mit sich fort.

Als Botuma nun heim kam, fragte sie ihr Mann, wo Bolumba sei. Da antwortete sie nur:

»Ach, sie hat einen anderen Pfad genommen.«

Als man feststellte, daß der Damm gebrochen war und die junge Frau nicht nach Hause kam, meinte man, Bolumba sei ertrunken, aber das war nicht so. Gott hatte beschlossen, daß sie leben sollte und hatte ihr Stärke gegeben, ihr Schicksal zu ertragen. Die Strömung spülte sie unter einen hohlen Felsen. Dort vermochte sie sich aufzurichten. Sie konnte zwar nicht heraus, aber sie vermochte zu atmen, und so überlebte sie. Es war an dieser Stelle, wo die Leute aus Likindas Dorf Wasser zu holen pflegten; es war ein Wasserfall in felsigem Gelände. Eines Tages schickte Liania und Nsongo einige Kinder hin, um Wasser zu schöpfen. Als die Kinder sich dem Wasser näherten, hörten sie jemanden singen:

> Kelenge, kelenge,
> Bringt ihr meinen Vater,
> Bringt ihr meine Mutter,
> Bringt nur nicht die Närrin,
> Die den Damm zerstört hat!

Erschreckt ließen die Kinder die Krüge fallen, so daß sie zerbrachen, rannten nach Hause und berichteten, was sie gehört hatten. Da beschlossen die Erwachsenen, selbst nachzusehen. Sie kamen an den Fluß, und sie hörten auch die Stimme. Sie meinten das müsse Bolumbas Geist sein, der dort unter dem Felsen umgehe. Sie gingen ins Dorf zurück und befragten Bongenge, der vorsichtiger als gewöhnlich war:

> Sagt nicht, es war Bongenge, ngelinge.
> Wenn ich meine Zauberworte spreche, ngelinge,
> Werde ich Namen nennen müssen, ngelinge.

Ihr habt mich gerufen, um zu prophezeien, ngelinge.
Ihr wollt wissen, wer da gemordet hat, ngelinge.
Sagt nicht, es war Bongenge, ngelinge.
Beschuldigt den Leoparden und nicht den Affen,
    ngelinge.
Tötet mich nicht, wenn ich erwähne, ngelinge,
Die Namen von Männern, die ihr ehrt, ngelinge,
Oder von mächtigen Frauen, ngelinge.

Liania versprach ihm und schwor, ihm werde nichts geschehen. Da enthüllte Bongenge den gemeinen Mordan-
schlag, genau wie er sich zugetragen hatte, und sein Lied
endete so:

Gott hatte beschlossen, sie solle überleben, ngelinge.
Er verbarg sie unter einem großen Felsen, ngelinge.
Dort lebt sie wie gewöhnliche Sterbliche, ngelinge.
Kein Gespenst, sondern eine Frau, ngelinge.
Die ganze Zeit singt sie Kelenge, ngelinge.
Mit ihrer eigenen Stimme singt Bolumbo, ngelinge.
Der Schöpfer ernährt sie, ngelinge.
Erhalten durch eine höhere Macht, ngelinge.
Sie kann befreit werden, ngelinge.
Wenn wir den Stein öffnen, ngelinge.
Laßt uns die Singvögel um Rat fragen, ngelinge.

Liania war ein entschlossener Mann. Er nahm eine Ei-
senhacke und begann auf den Stein einzuschlagen. Das
war völlig nutzlos, nur ein paar Splitter sprangen ab.
Dann begann der Honigvogel auf einem Baum zu singen:

Vater Liania, hör auf der Singvögel Rat.
Rufe die Vögel, vergiß mir den Buntspecht nicht.

Die Männer kümmerten sich um den Honigvogel nicht,
da flog er fort. Schließlich, als sie müde wurden, sagte
der eine zum anderen: »Hat da nicht einer etwas von Vö-

geln gesagt? War das nicht der Honigvogel? Ruf ihn zurück!«

Da bat Liania den Honigvogel, die anderen Vögel herbei zu rufen, und als sie sich versammelt hatten, forderte er den Honigvogel auf, den Felsen aufzubrechen. Er aber erwiderte:

»Ich vermag, Bienenkörbe aufzubrechen, aber nicht Felsen. Der Star versuchte es, brach sich aber nur den Schnabel. So erging es auch allen anderen Vögeln. Schließlich sagte der Adler hochmütig, daß man selbstverständlich ihm das Problem hätte als erstem unterbreiten müssen. Er wurde aufgefordert, seine Stärke zu beweisen; er hackte auf den Felsen ein, aber auch sein prächtiger Schnabel zerbrach. Schließlich stellte man fest, daß der Specht nicht erschienen war. Liania schickte den Honigvogel aus, um nach ihm zu suchen, und als er endlich eintraf, sang er dieses Lied:

> Ich bin der Buntspecht.
> Ich bin der Vater aller Zauberer.

Er schlug den Stein auf. Eine Öffnung wurde sichtbar, und man erkannte ein Gesicht. Liania lobte den Vogel und trieb ihn an:

> Bravo, Buntspecht,
> Vater der Zauberer,
> öffne den Stein!

Der Specht, Yondoko, hämmerte weiter, bis die Öffnung breit genug war, um Bolumbo ins Freie zu ziehen. Liania gab dem Buntspecht vier Körbe voller Mais, und zehn Körbe bekam ein jeder der anderen Vögel, die sich den Schnabel zerbrochen hatten.

Bolumbu wurde zum Haus ihres Vaters getragen, am Leben, aber bewußtlos. Liania schickte nach Bongenge. Der große Wahrsager kam und verkündete, daß er nur dann etwas werde ausrichten können, wenn Bolumbas Tante Botoma zugegen sei. Aber niemand konnte sie finden. Schließlich entdeckte sie ihr Ehemann auf den Feldern und brachte sie zum Versammlungsort. Dort klagte man sie nicht nur des versuchten Mordes an, sondern auch der Zauberei, weil es für einen Fachmann wie Bongenge augenscheinlich war, daß ihr Fluch immer noch auf der jungen Frau ruhte. Also hieß er sie, den Zauber aufzuheben. Sie gab den Mordversuch zu, bestritt aber den Zauber.

Bongenge fragte geheimnisvoll:

»Er, der alles weiß, kennt doch nicht die Schildkröte. Nehmt die Pflanze des Lebens, schabt sie und legt sie auf den Kopf der jungen Frau.«

Botoma suchte also und fand die Stengel der Bossako- und der Bosaanga-Pflanze, kaute sie und stellte so Lebenswasser her. Aber es nutzte nichts, soft auch Likinda seine Tochter ins Leben zurückrief. Schließlich holte Liania den Zauberschnupftabak seines Vaters und blies in ihr in die Nase. Bolumba nieste und erwachte. Dann erzählte sie ihre Geschichte, die so endete:

»Das Wasser ereilte mich unter dem Netz von Wurzeln, und ich wußte, es gab kein Entkommen. Ich dachte: Muß ich jetzt ohne Grund zu Urgroßvater Ilelangonda gehen? Plötzlich spürte ich, wie etwas bei mir war, und ich kam an einen Ort, wo das Wasser aufhörte, mich zu stoßen. Zuerst konnte ich nicht sprechen, aber plötzlich befahl mir der Urgroßvager Ilelangonda zu den Menschen zu reden, damit sie mich hörten und sie wüßten, wo ich sei. Würdet ihr jetzt Tante Botoma fragen, warum ich sterben sollte?«

Bolonga ging heim mit seiner ersten Frau, und er behielt Bolumba eine Weile bei sich. Bolange lud die Ältesten des Dorfes ein und erzählte ihnen die ganze Geschichte. Ihr Urteil lautete: »Wenn die Ratte schon den Saum gefressen hat, wird sie bald auch das ganze Kleid fressen!« Das wollte sagen in diesem Fall sei es viel zu gefährlich, eine überführte Hexe im Haus zu behalten. Es sei besser, sie zu ihrem mächtigen Bruder zurückzuschicken. So geschah es, und damit kam die Ehe mit der ersten Frau zu einem Ende. Botoma blieb bei ihrem Bruder, tief beschämt. Bolumba sagte, sie liebe ihren Ehemann Bolonga sehr, aber sie fürchte ihre Tante. Sie blieb bei Bolonga. Sie lebten zusammen in Frieden.[8]

Vom Ursprung der Weißen Menschen
Nkundo / Kongo, Afrika

In dieser Geschichte wird der große Zauberer Bongenge erwähnt, der für Liana eine ähnliche Bedeutung hatte wie Merlin für König Arthur, die eines Beschützers und Zauberers.
Die Vorstellung vom Ursprung der weißen Menschen ist in dieser Gegend weit verbreitet. Es heißt auch, Weiße seien Söhne von Geistern und hätten den Geistern im Wald ihre Geheimnisse abgelauscht. Weiß ist die Farbe von Erscheinungen. Offenbar sind Weiße keine gewöhnlichen Menschen. Götter und Heroen sind Kinder einer jungfräulichen Geburt. Zwillinge als »Kulturbringer« sind auch ein in Nordamerika häufig auftretendes Motiv.

Yendembe, eine von Lianjas Töchtern, scheint schwanger geworden zu sein, ohne daß sie verheiratet war. Das Mädchen behauptete, kein Mann habe sie berührt. Da befragte Lianja den berühmten Zauberer Bongenge, der verkündete:
»Lianjas Tochter wird Zwillinge zur Welt bringen, einen Jungen und ein Mädchen. Ihr Vater ist ein Gott, deswegen werden es weißhäutige Kinder sein und nicht Schwarze, wie sich das für menschliche Babies gehört. Da sie nicht die Kinder eines Menschen sind, weil sie höhere Wesen sind, werden sie getrennt von den anderen leben, und sie werden Dinge herstellen, wie wir sie nie zuvor gesehen haben. Sie werden Taten tun, von denen wir nie zuvor gehört haben und sie werden einander heiraten.«

Als die Zeit für Lianjas Tochter gekommen war, gebar sie zuerst den Jungen und dann das Mädchen, und beide hatten sie eine weiße Haut. Die beiden wurden von den schwarzen Kindern getrennt gehalten und begannen, eine eigene Sprache zu sprechen. Mit fünfzehn baten sie darum, man möge ihnen ein Haus bauen, etwas abseits von den anderen Hütten. Sie begann mit Federn auf einer glatten Fläche zu schreiben. Zum Erstaunen der Schwarzen vermochten sie Eisen zu schmieden. Sie erklärten, sie würden ein Boot bauen. Wer hat je davon gehört, daß man Boote aus Eisen baut? Die müßten doch versinken wie ein Stein? Aber das eiserne Schiff versank nicht, und als sie es noch mit einem Propeller ausstatteten, konnten sie damit über die Flüsse fahren, ohne daß sie Ruderer mieten mußten. Sie bauten sich stromabwärts ein eigenes Haus, mit einem Dach aus Eisen und Schlüsseln aus Eisen, satt Lederlaschen an den Türen. Die weiße Frau wurde schwanger und gebar Zwillinge, einen Jungen und ein Mädchen, und auch die beiden heirateten einander wieder.[9]

Wie die Spinne
die Geschichten des Himmelsgottes bekam
Kongo, Afrika

In Ananse haben wir die afrikanische »Maske« der Trickster-Gestalt vor uns. Außerdem ist diese Geschichte wohl auch die afrikanische Vorform vom »Teerbaby« in den Geschichten um Brother Rabbit, die sich die als Sklaven nach Amerika verschleppten Schwarzen in den USA erzählen.

Kwaku Ananse, die Spinne ging einmal zu Nyankonpon, dem Himmelsgott, um von ihm die Geschichten des Himmelsgottes zu kaufen. Der Himmelsgott sagte:
»Wie kommst du darauf anzunehmen, daß ausgerechnet du sie kaufen kannst!«

Die Spinne antwortete:

»Ich weiß, ich werde dazu in der Lage sein.«

Darauf sagte der Himmelsgott:

»Große und mächtige Städte wie Kokofu, Wai oder Asumengya sind gekommen und haben sie kaufen wollen. Sie haben sie nicht bekommen. Ausgerechnet du bildest dir ein, daß man sie dir geben wird!«

Die Spinne antwortete:

»Was sollen denn die Geschichten kosten?«

Darauf der Himmelsgott:

»Man bekommt sie nur, wenn man dafür Onini, die Pythonschlange, Osebo, den Leoparden, Mmoatia, die Fee und Mmoboro, die Hornissen hergibt.«

Die Spinne sagte:

»Du sollst all diese Dinge haben und als Dreingabe noch meine alte Mutter Nsia, das sechste Kind.«

Der Himmelsgott sprach:

»Dann geh und bring all dies!«

Die Spinne erzählte ihrer Mutter von alledem:

»Ich möchte die Geschichten des Himmelsgottes kaufen. Er verlangt dafür, daß ich ihm Onini, die Pythonschlange, Osebo, den Leoparden, Mmoatia, die Fee und Mmoboro, die Hornissen gebe und dich will er als Dreingabe haben.«

Nun beriet sich die Spinne mit seiner Frau, Aso, indem sie sprach:

»Wie können wir es nur anstellen, daß wir Onini, die Python bekommen?«

Aso erwiderte:

»Geh und schneide einen Ast von einer Palme, dazu etwas von dem Unkraut, das sich um die Bäume rankt und bring es her.«

Der Spinnenmann tat wie ihm geheißen und Aso sagte:

»Bring beides hinunter zum Fluß.«

Das tat Ananse, und während sie dahin gingen, sagte er:

»Es ist viel länger als er, es wird nicht reichen. Du lügst, es ist viel länger.«

Die Spinne sagte:

»Dort liegt er, dort unten!«

Die Pythonschlange, die die Unterhaltung mit angehört hatte, fragt:

»Über was redet ihr denn da?«

Darauf erwiderte die Spinne:

»Ach, meine Frau hat behauptet, der Palmzweig wäre länger als du, und ich habe gesagt, sie sei eine Lügnerin!«

Onini, die Python sagte:

»Bring doch den Zweig einfach mal her, dann wird man ja sehen.«

Ananse nahm den Palmenzweig und legte ihn neben den Körper der Schlange, dann sprach er:

»Jetzt streck dich!«

Und die Python streckte sich aus. Da griff Ananse das Unkraut und schnürte dann die Python auf dem Palmenzweig fest, und das Geräusch, das es beim Schnüren gab, hörte sich an wie nwenene! Ananse, der Spinnenmann, sagte:

»Narr du, jetzt bringe ich dich zum Himmelsgott und bekomme dafür dessen Geschichten.«

Also brachte Ananse die Schlange dorthin, und der Himmelsgott sagte:

»Die Schlange ist in meiner Hand, aber noch bleibt, was außerdem versprochen war.«

Der Spinnenmann erzählte seiner Frau, was geschehen war und sagte:

»Jetzt brauchen wir die Hornissen.«

Seine Frau riet ihm:

»Nimm einen Krug, fülle ihn mit Wasser und mach dich dann auf die Suche.«

Der Spinnenmann ging durch den Busch. Da sah er einen Schwarm Hornissen hängen. Er besprengte sie mit ein bißchen Wasser. Mit dem restlichen Wasser übergoß er sich. Er schnitt das Blatt einer Paradiesfeige ab und legte es sich auf den Kopf. Darauf redete er die Hornissen so an:

»Es fängt an zu regnen. Besser ihr kriecht in meinen Krug. Dort kann euch der Regen nichts anhaben. Ihr seht ja, ich habe mir zum Schutz gegen den Regen selbst auch schon ein großes Blatt auf den Kopf gelegt.«

Da sprachen die Hornissen:

»Wir danken dir Ananse.«

Alle Hornissen flogen auf und verschwanden in dem Krug. Der Spinnenmann verschloß den Krug und rief:

»Narren, die ihr seid. Ich bringe euch jetzt zum Himmelsgott und tausche euch gegen die Geschichten ein.«

Und so geschah es. Der Himmelsgott sagte:

»Nun habe ich auch die Hornissen in meiner Hand, aber noch bleibt, was außerdem versprochen war.«

Der Spinnenmann ging zurück und sagte zu seiner Frau:

»Osebo, der Leopard, muß her.«

Aso antwortete:

»Geh und grabe ein Loch!«

Ananse sprach:

»Schon gut, ich habe verstanden.«

Er schaute sich also nach den Spuren des Leoparden um, und als er sie gefunden hatte, grub er ein tiefes Loch, deckte es mit Zweigen ab und kam darauf heim. Sehr zeitig am nächsten Tag, um jene Stunde, da die Dinge sichtbar werden, ging er hin um nachzusehen und siehe da, ein Leopard war in die Grube gefallen.

Ananse sprach:

»Du Kind eines kleinen Vaters, du Kind einer kleinen Mutter, hat dir denn niemand gesagt, daß man sich nicht betrinken soll. Da siehst du, was geschehen kann, wenn man solche Gebote nicht befolgt. Wenn ich dir jetzt versprechen würde, dich herauszuholen, hätte das nur zur Folge, daß du mich auffrißt, wenn wir uns das nächste Mal begegnen.«

Der Leopard antwortete:

»Das würde ich nie tun.«

Da ging Ananse hin, nahm zwei Stecken und sprach zu dem Leoparden:

»Leg eine deiner Pfoten dahin, die andere dort hin.«

Als nun der Leopard getan hatte wie ihm geheißen und versuchte, aus der Grube herauszukommen, zog Ananse sein Messer, und mit Blitzes Schnelle ließ er es auf dem Kopf des Tieres niedersausen. »Goa« klang der Laut, den der Leopard von sich gab. Dann brach er auf dem Boden der Grube zusammen. Ananse aber holte eine Leiter, stieg hinunter und rief aus:

»Du Narr, ich bringe dich jetzt zum Himmelsgott und tausche dich gegen Geschichten ein.«

Als er jetzt zu Nyame kam, sprach dieser:

»Meine Hände greifen Besitz von dem, was du gebracht hast. Aber noch bleibt etwas zu tun.«

Dann kam der Spinnenmann zurück. Er schnitzte eine schwarzgesichtige, hölzerne Puppe, zapfte etwas klebrigen Saft von einem Baum und strich den Leib der Puppe damit ein. Dann holte er gestampfte Yam-Wurzeln und gab der Puppe etwas davon in die Hand. Er stampfte noch mehr Yam, tat es in einen Messingkessel und band diesen der Puppe um den Leib. Dann stellte er die Puppe an den Fuß eines Odumbaumes. Dorthin kommen die Feen häufig. Auch an diesem Tag kam eine Fee an diesen Baum. Sie fragte:

»Darf ich ein bißchen von dem Brei essen?«

Ananse zog an einer Schnur, und die Puppe nickte mit dem Kopf. Die Fee wandte sich an eine ihrer Schwestern und sagte:

»Sie erlaubt uns davon zu essen.«

«Dann iß doch«, erwiderte die. Nachdem sie gegessen hatte, bedankte sie sich. Aber die Puppe gab keine Antwort. Die Fee sagte zu ihrer Scwester:

»Das ist doch unhöflich. Ich bedanke mich, und sie hält es nicht einmal für nötig zu antworten.«

»Dafür hat sie Prügel verdient«, antwortete die Schwester.

»Am besten, du versetzt ihr einen Hieb auf den Magen.«

Als sie das tat, blieb sie an der Puppe kleben. Da sprang Ananse aus seinem Versteck hervor, fesselte sie und sprach:

»Du Närrin, jetzt habe ich dich. Jetzt bringe ich dich zum Himmelsgott und tausche dich gegen Geschichten ein.«

Fort ging er und nahm sie mit an den Ort wo er lebte. Dort sprach Ananse zu seiner Mutter:

»Steh auf, komm mit, zusammen mit der Fee bringe ich dich zum Himmelsgott. Ich tausche dich ein gegen Geschichten.«

Als sie nun dort ankamen, rief der Spinnenmann:

»Himmelsgott, hier bringe ich dir die Fee und meine Mutter, die ich dir als Dreingabe versprach, ist auch zur Stelle.«

Da rief der Himmelsgott seine Edlen zusammen und trug ihnen die Sache vor.

»Stellt euch vor«, sagte er. »Sehr mächtige Könige sind hier gewesen und konnten mir doch meine Geschichten nicht abkaufen, aber Kwaku Ananse, der Spinnenmann, hat den Preis aufgebracht. Ich bekam von ihm den Leoparden, die Python und die Mutter als Dreingabe. Singt sein Lob!« rief er.

»Lob, Lob!!« schrien sie. Der Himmelsgott aber sagte:

»Kwaku Ananse, von heute an und für alle Zeiten gehören dir die Geschichten des Himmelsgottes. Ich schenke sie dir, herzlichen Glückwunsch! Nun sollen sie aber nicht länger die Geschichten des Himmelsgottes, sondern die der Spinnen heißen.«

Diese Geschichte hier, welche ich euch erzählt habe, mag sie euch gefallen oder nicht, nehmt sie, tragt sie weiter, und möge sie irgendwann wieder zu mir zurückkommen.[10]

Der Baum der Kabbala

In der jüdischen Kabbala stellt das symbolische Bild des Lebensbaumes mit seinen zehn sefirotischen Stufen oder Funktionen ein komplexes und vielwertiges Modell dar. Es dient zur Erklärung der Ordnung und Verbindung zwischen jenen Formen, in denen sich Gott offenbart, und durch die sich der Kosmos herstellt; es ist ein Diagramm der wichtigsten Organe und Fähigkeiten des Menschen im physischen Sinn. Es symbolisiert auch die verschiedenen begabungsmäßigen Möglichkeiten, die im Menschen angelegt sind. Es zeigt schließlich die vier Stufen, in denen sich Gott offenbart, und deren unterste, die Welt der Fakten, mit einem Teil des Menschen korrespondiert. Die oberste Dreiheit (Kether, Hokmah und Binah) entspricht der Ebene der transzendenten Welt der Offenbarung (dem Unendlichen); die Triade darunter, der idealen Welt der Schöpfung (Unterscheidung und Scheidung des Sinnvollen und Sinnlosen); die Triade wiederum unter ihr, der geistigen Welt der Formation. Den Endpunkt nach unten (Malkuth) setzt die Welt des Faktischen. Der Baum kann auch in eine rechte und linke Seite, die der Gnade (rechts), und die des Gesetzes (links), eingeteilt und von daher interpretiert werden. Die sieben unteren Sefiria oder Sphären werden auch häufig mit den sieben Tagen der Schöpfung gleichgesetzt.[11]

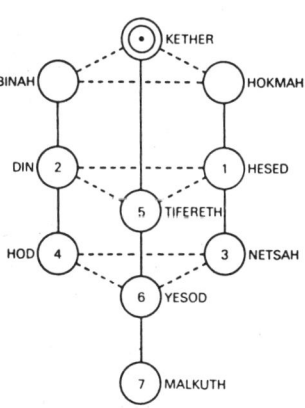

V.
Moderne Schöpfungsmythen

Vorbemerkung: Der Künstler als Subschöpfer

Wenn in den meisten Schöpfungsberichten der Mensch im Mittelpunkt des Kosmos steht, wenn er es ist, der der Schöpfung einen Sinn gibt, so ist er doch dabei auch immer jemand, auf den ein fremder Wille oder etwas, das außerhalb von ihm steht, einwirkt.

Verständlich dann, daß sich in ihm die Lust regt, einmal den Spieß umzudrehen, einmal selbst Schöpfer spielen zu dürfen.

Die kreative Fähigkeit ist nicht nur im Künstler vorhanden, sie ist in allen Menschen angelegt. Beim Kreativen vollzieht sich, wenn man genau hinsieht, ein Schöpfungsprozeß auf zwei Ebenen. Der kreativ tätige Mensch schafft ein Muster, ein Teilstück einer eigenen Welt. Der Künstler baut, webt, malt, setzt Töne, beschreibt seine eigene Welt. Diese Formation eines künstlerischen Objekts, die Tolkien als »Subschöpfung« bezeichnet, hat auch im Subjekt, das sie ausführt, eine Re-Formation des Selbst zur Folge. In gewissem Sinn ist jeder Künstler mit der Ausarbeitung einer individuellen Mythologie beschäftigt. Die wichtigsten Motive seines Lebenswerkes sind Widerspiegelungen jener Themen, die uns in den ursprünglichen Schöpfungsmythen begegnet sind. Besonders häufig erscheinen dabei Bilder von einer Desintegration des Selbst, denn dem Aufbau und der Identifikation mit einer neuen Welt oder Teilen von ihr, muß das Chaos im Sinn einer Zerstörung der konventionellen, sozialen, sexuellen und kulturellen Definitionen und Festlegungen vorausgehen.

Im letzten Teil dieses Buches sind moderne Schöpfungsmythen versammelt. Der Reiz der Texte liegt in ihrer kritischen Naivität (*Adam und Eva*), in ihrer Poesie (*Die Sonne war ein Grünes Ei*) oder in der der Möglichkeit zur Übertreibung zur Archaisierung und karikierenden Vereinfachung (*Hank Lord u. Paul Bunyan*). Gemeinsam ist den Autoren, seien sie nun Volkserzähler oder Schriftsteller, daß sie es sich erlauben, den Menschen in die Rolle eines göttlichen Schöpfers zu versetzen, daß sie aber auch gleich die Anmaßung und die Hybris, die damit verbunden ist, augenzwinkernd in Frage stellen.

Adam und Eva
Südstaaten, USA

Die Schwarzen in den Südstaaten der USA erzählen die Geschichten des Alten und des Neuen Testaments auf ihre Art. Sie verlegen sie in die ihnen vertraute Umwelt, unter Menschen, die sie kennen.

Die meisten Leute sagen, der sechste Tag der Woche sei Samstag, denn am siebten Tag ruhe sich Gott aus und betrachte seine Schöpfung. Nun kann es am Samstag gewesen sein, daß er Mann und Weib schuf, aber nach allem, was man so sieht, muß er sich den ersten Mann und die erste Frau an einem alten unglücklichen Freitag ausgedacht haben.

Samstag oder Freitag – Gott setzte sie in die Welt. Und dann machte er einen hübschen Garten und ein schönes Haus mit einem kühlen Keller.

»Adam und Eva«, sagte er dann, »hier, das wäre es. Nehmt euren Krempel und zieht ein.«

»Vielen Dank, Gott«, sagte Eva.

»Einen Augenblick, Gott«, sagte Adam. »Von was soll ich denn die Miete bezahlen? Bis jetzt hast du doch noch gar kein Geld geschaffen.«

Spricht Gott: »Mach dir mal darum keine Sorgen. Das Haus ist ein Geschenk für dich und deine kleine Frau.«

Also zogen Mann und Frau ein und begannen, es sich drinnen bequem zu machen. Und schon gab es Ärger.

»Adam«, sagte die Frau, »du zündest den Ofen an, während ich die Vorhänge aufhänge.«

»Warum zündest nicht du den Ofen an?« sagt Adam, »und läßt mich die Vorhänge aufhängen? Du bist so stark wie ich. Der Herr hat keinen von uns beiden stärker gemacht als den anderen. Wie kommt es dann, daß du mir all das schwere Zeug auflädst?«

»Weil das eine Männerarbeit, das andere Frauenarbeit ist«, sagt Eva, »ich denke nicht daran die schwere Arbeit zu tun. Das sieht nicht recht aus.«

»Sieht nicht recht aus für wen?« fragt Adam. »Wer soll es denn sehen? Du weißt doch, wir haben noch gar keine Nachbarn.«

Eva stampfte mit dem Fuß auf. Sie sagt:

»Nur weil wir keine Nachbarn haben, ist das noch lange kein Grund, sich hinter ihrem Rücken schlecht zu benehmen.«

»Ist das nicht typisch Frau!« seufzt Adam und dann setzt er sich, schlägt die Arme übereinander und sagt:

»Nein, ich mach den Ofen nicht an und damit basta, meine Liebe!«

Als nächstes schlägt ihn Eva mit der Faust auf seine Quasselbüchse und er stürzt nach hinten über wie ein Kalb, das vom Blitz getroffen ist. Er rafft sich auf und kommt über sie wie eine Wildkatze. Sie prügeln sich und knuffen sich herum bis das Haus ausschaut, als habe ein Wirbelsturm darin fangen gespielt. Aber keiner von beiden konnte gewinnen, weil Gott dem einen ebensoviel Stärke verliehen hatte wie dem anderen.

Nach einer Weile sind sie beide erschöpft. Da fängt Eva an zu flennen, tritt mit den Füßen um sich und schreit:

»Warum behandelst du mich so gemein, Adam. Selbst einen alten nichtsnutzigen Hund behandelt man besser als du mich!«

Adam spuckt einen Zahn aus und versucht das geschwollene Auge, das Eva ihm geschlagen hat, aufzumachen. Dann sagt er:

»Wenn ich einen Hund hätte, der mir so zusetzen würde, den würde ich glatt töten.« Aber Eva hört nicht auf zu flennen, und die Tränen machen das ganze Bettuch naß. Also schleicht sich Adam aus dem Haus. Er kommt sich

sehr gemein vor. Er geht um das Räucherhaus und überlegt, was er tun soll. Da trifft er Gott.

Und Gott sagt:

»Na, Adam? Irgend was mit dem Haus nicht in Ordnung. Ist halt das erste, das ich geschaffen habe, da
kommt schon mal ein Fehler vor.«

Adam schüttelt den Kopf.

»Das Haus ist schon recht, könnte gar nicht besser
sein.«

»Was ist es dann, Adam?« fragt Gott.

»Um die Wahrheit zu sagen«, murmelt Adam, »es geht
um diese Frau, um Eva. Gott, du hast sie gleich stark
geschaffen wie ich. Das kann nicht gut gehen. So habe ich
von ihr gar keinen Nutzen.«

»Adam, willst du Gott kritisieren, bloß, weil ihr gleich
stark seid, das ist schon recht so. Mann und Frau sollen
sich beide ins Geschirr legen.«

Adam zittert und schnaubt. Er ist so wütend und elend,
daß er einfach nicht an sich halten kann. Er sagt:

»Gott, sie und ich wir sind ja gar nicht gleich.«

Spricht Gott:

»Nimm dich in acht, Adam! Du streitest mit Gott!«

»Gott«, sagt Adam, »wie du sagst, wir sind gleich an
Körperkräften. Aber dieses Weib hat noch andere Waffen, um zu kämpfen. Sie heult und bibbert, bis ich mir
wie der letzte Dreck vorkomme. Ich halte dieses Geräusch nicht aus. Wenn das so weitergeht, weiß ich
jetzt schon, daß die Eva immer ihren Willen durchset-
zen wird, und mir bleibt all die schmutzige Arbeit zu
tun.«

»Wie ist sie nur auf diesen Trick gekommen?« überlegt
Gott, und er macht ein Gesicht, als ob er angestrengt
nachdächte. »Du hast nicht vielleicht so einen kleinen
roten Mann mit einer dreizinkigen Gabel ums Haus
schleichen sehen, Adam?«

»Nein, Gott. Aber ich habe gehört, wie sie heute morgen
unten im Obstgarten mit jemand gesprochen hat. Sie hat

gemeint, das sei nur der Wind gewesen, der bläst. Nein, einen roten Mann habe ich nicht gesehen. Wer soll denn dieser kleine rote Mann mit der dreizinkigen Gabel sein, Gott?«

»Kümmere dich nicht um den, Adam«, sagt Gott.

»Aber«, sagt Adam, »wirklich, so kann das nicht weitergehen. Der Ärger mit dieser Frau macht mich fertig. Ich wäre dir schon sehr verbunden, wenn du mich stärker als Eva machen könntest. Dann könnte ich ihr sagen: Tu dies und tu jenes, und wenn sie nicht mag, verprügle ich sie. Ich würde meinen, wenn sie ab und zu eine Tracht Prügel kriegt, tut sie schon, was ich ihr sage.«

»Nun ja«, spricht Gott, »wir könnten es einmal so versuchen. Also, Adam, sieh dich an!«

Da verspürte Adam in sich Veränderungen. An seinen Armen war plötzlich etwas anders. Zuvor waren sie weich und rund gewesen. Keine Muskeln, die hervortreten und sich ausnehmen wie große Süßkartoffeln! Und erst seine Brust. Sie war jetzt gefügt wie ein Faß. Und dann sein Bauch. Der ist wie ein Waschbrett. Und seine Beine! Sie stehen so fest auf der Erde wie etwas, das marschieren muß. Fast ist ihm selbst etwas angst ob dieser Veränderung. Aber er spricht: »Vielen Dank, guter Gott. Jetzt will ich mir schon bei diesem Frauenzimmer Respekt verschaffen!«

Und zum Haus lief er und kam zur Hintertür herein.

Eva sitzt im Schaukelstuhl. Sie macht ein böses Gesicht. Sagt kein Wort, als Adam hereinkommt. Spricht kein Wort und starrt ihn nur an.

Dann greift sie in die Holzkiste und nimmt einen Prügel heraus.

»Auf der Stelle wirfst du den Stock fort, Frau!« versucht es Adam gleich einmal mit dem Befehlen.

»Warum, wer hat immer ein großes Maul?«

Und bei diesen Worten springt sie auf und versucht mit dem Prügel auf Adams Kopf einzuhämmern.

Adam lacht nur. Er nimmt ihr den Prügel ab und

schmeißt ihn aus dem Fenster. Dann gibt er ihr einen kleinen Klaps, daß sie quer durchs Zimmer segelt.

»Wollen doch sehen, wer hier wen verprügelt, mein Schatz!« sagt er.

»Ich bin nur über etwas gestolpert«, sagt Eva, »und daß du mich geschlagen hast, dafür wirst du mir büßen, Adam!«

Sie kommt auf ihn zu und kratzt. Adam hebt sie hoch und wirft sie zu Boden.

»Bist du schon wieder ausgerutscht?« fragt er.

»Muß wohl sein, daß ich nicht recht sehe in dem dunklen Zimmer«, sagt Eva und versucht auf ihn loszugehen.

Also nimmt Adam sie wieder hoch und wirft sie diesmal aufs Bett, und dann läßt er seine flache Hand auf das dicke Ende seiner Eva klatschen. Er prügelt sie mit der einen Hand, und mit der anderen hält er sie fest.

Nach einiger Zeit sagt sie: »Bitte, Adam, Schätzchen, hör auf, mich zu hauen! Ach, bitte, bitte, Schätzchen!«

»Bin ich der Boß hier?« fragt Adam.

»Ja, Schatz«, sagt sie, »du bist der Größte, der Stärkste und der Boß.«

»In Ordnung«, sagt er zu ihr, »ich bin der Boß. Gott hat mir Kraft für zwei gegeben. Von jetzt an siehst du dich vor, Frau. Was du jetzt erlebt hast, war nur ein Summen. Aber das nächste Mal sing ich das ganze Lied.«

Er gibt Eva einen Schubs und spricht:

»Brat mir einen Fisch, Weib.«

»Ja, sofort, Adam. Schätzchen.«

Aber die alte Eva war verrückt genug aufzumucksen. Sie wartete, bis ihr Adam ein Schläfchen machte. Dann ging sie in den Garten zu dem alten Apfelbaum mit der Höhle zwischen den Wurzeln. Sie sah sich um, ob auch niemand sie sehe. Dann steckte sie ihren Kopf in die Höhle und rief. Nun, es mochte der Wind sein, der blies, oder vielleicht auch ein Vogel, aber es hörte sich an, als ob in der Höhle jemand mit Eva spreche. Und es klang auch so, als ob Eva sagte:

»Ja ... hmm ... ja. An welcher Mauer meinst du? An der Ostmauer? Ach ja ... in Ordnung.«

Jedenfalls kommt Eva ins Haus zurück. Sie strahlt über das ganze Gesicht, so als ob sie etwas wisse. Sie ist schrecklich freundlich zu Adam für den Rest des Tages.

Am nächsten Morgen aber geht Eva zu Gott.

Gott sagt: »Na, hat etwa schon wieder einer von euch beiden Klagen? Was kann ich für dich tun, Eva?«

Eva lächelt und macht einen Knicks.

»Könntest du mir einen Gefallen tun, Gott, bitte?«

»Und der wäre, Eva?«

»Sieh mal, dort an der Ostmauer hängen doch zwei kleine alte rostige Schlüssel? Wenn du sie nicht brauchst, hätte ich sie gern.«

»Ach«, sagt Gott, »ich hab sie schon vergessen. Habe sie mal auf einer Müllkippe gefunden. Hab' mir damals gesagt: Vielleicht finden sich eines Tages auch noch die Schlösser dazu. Könnte ja sein. Sie hängen dort an dem Nagel nun schon gut und gern ihre zehn Millionen Jahre. Und die Schlösser haben sich immer noch nicht gefunden. Wenn du also etwas damit anfangen kannst, so nimm sie dir nur. Ich habe keine Verwendung für sie.«

Also nimmt Eva die beiden Schlüssel, dankt Gott und geht heim.

Da waren zwei Türen ohne Schlüssel, und Eva stellt fest, daß die beiden rostigen Schlüssel passten.

»Aaah!« sagt sie. »Hier sind die Schlösser, die Gott nicht finden konnte. Nun, Herr Adam, wollen wir doch einmal sehen, wer im Haus der Boß ist!«

Dann verschließt sie die beiden Türen und versteckt die Schlüssel.

Kommt Adam aus dem Garten. »Was zu essen, Frau!« sagt er.

»Kann nicht, Adam«, sagt Eva, »die Küchentür ist abgeschlossen.«

»Das krieg ich schon hin!« sagt Adam, und er versucht, die Küchentür aufzubrechen. Aber Gott hat sie so fest gefügt, daß es nicht einmal einen Kratzer gibt, als er sich dagegen wirft.

Sagt Eva: »Adam, Liebling, vielleicht gehst du eben noch in den Wald und holst Feuerholz. Wenn du zurückkommst, habe ich vielleicht die Küchentür aufbekommen. Vielleicht fällt mir bis dahin ein Zaubertrick ein, mit dem sich die Tür öffnen läßt.«

Also läuft er in den Wald und holt Holz. Und als er zurückkommt, ist tatsächlich die Küchentür offen, und etwas zu essen steht auf dem Tisch.

Nach dem Essen sagt Adam:

»Hör mal, Schätzchen. Wie wäre das jetzt mit uns beiden! So ein kleines Schläfchen mit dir zusammen, das würde mir guttun.«

»Geht leider nicht«, sagt Eva, »die Schlafzimmertür ist abgeschlossen.«

»Oh«, sagt Adam, »aber vielleicht kennst du auch da einen Trick?«

»Vielleicht«, sagte Eva, »Liebling, such doch ein Stück Blech heraus, und dann flick das Loch im Dach, damit es nicht mehr einregnet. Ich schau unterdessen, ob ich die Schlafzimmertür aufkriege.«

Also flickte Adam das Dach, und Eva schloß die Schlafzimmertür auf. Und von da an behielt sie die beiden Schlüssel und wußte stets guten Nutzen aus ihnen zu ziehen.

Und dies ist der Grund, warum die Männer *denken*, sie seien der Boß, und die Frauen *wissen*, daß sie der Boß sind. Denn sie haben zwei kleine alte rostige Schlüssel, und schlau wie sie sind, wissen sie diese auf ihre Art höchst wirksam zu benutzen.

Und wenn du das noch nicht weißt, dann bist du bestimmt noch kein verheirateter Mann.[1]

Von der Erschaffung der Welt und ihren Dingen

H. C. Artmann

Vor den erklärbaren wesen lebten die *unerklärbaren*, sie bevölkerten die erde. Es gab noch keine säugetiere, fische, reptile, es gab keine vögel. Menschen gab es schon lange, sie lebten mit den *unerklärbaren wesen* zusammen, manchmal gut, manchmal weniger gut, je nachdem, wie es dem Großen Geist gefiel, dem undurchschaubaren, dem wankelmütigen.

Der Große Geist hatte die menschen zuerst als nebelpuppen geformt, nachher hatte er ihnen leben eingehaucht, atem von seinem atem, dadurch wurde die nebelhülle zu haut, fleisch und blut. Die menschen begannen sich zu regen, gingen umher und vermehrten sich. Der Große Geist beobachtete sie, sah sich leid und war ihnen hinfort gram.

Die menschen sind im ursprung eine nachlässige bastelarbeit des Großen Geistes gewesen; indem er ihnen atem einblies, tat er etwas, was er hinterher bereute. Er hatte nichts anderes vorgehabt, als seine schreckliche einsamkeit mit irgendeiner betätigung auszufüllen, er hatte mit den nebelpuppen ein stück ewigkeit überbrücken wollen. Die *unerklärbaren wesen*, seine entfernten vettern, mieden ihn, er war für sie eine giftige nessel, man traf sich mit ihm nur, wenn die erde durch andere erden in gefahr geriet, man mußte dann mit ihm für die weile der bedrohung zusammenhalten. Der Große Geist war ein notwendiger häuptling, den man nicht liebte.

Hin und wieder verbanden sich die *unerklärbaren wesen* mit den menschen, auch kam es vor, daß sie sich mit ihnen vermischten. Die menschen lernten dadurch von den *unerklärbaren*: mädchen von den vätern, knaben von den müttern. Es war aber so: menschen, die aus solchen verbindungen hervorgegangen wáren, vermißten stets irgendeinen körperteil: manche waren ohne nabel, manchen fehlte die afteröffnung, manche hatten nur ein intaktes auge, sahen aber damit in die zukünftigen oder vergangenen dinge. Es gab viele abarten, je nach kreuzung mit den *unerklärbaren*.

Hatte der Große Geist anfangs alle macht über seine belebten nebelpuppen besessen, so verlor er jetzt ein gutteil an diese. Die menschen stellten sich, wie man sagt, auf die eigenen beine, erfanden wirksame zauber und schutzlieder, sie bauten gegen die launen des Großen Geistes vor. Es heißt, dem Großen Geist sei das sogar halb und halb recht gewesen, weil dieses kräftemessen seine schreckliche einsamkeit erträglich machte, er wurde dadurch zum kosmischen trapper, der geschickt seine fallen zu stellen wußte, dem aber doch nicht alles wild blind hineinlief. Um nun die menschen abzulenken, erschuf er nach und nach die jagdbaren tiere. Hatte sich der Große Geist bisher mit menschenhaut bekleidet, so kleideten sich jetzt die menschen mit den häuten der tiere. Ohne es zu wissen, imitierten sie den Großen Geist. Das trug ihnen die feindschaft der *unerklärbaren wesen* ein, die suchten die menschen nicht mehr auf, sie begannen sie wie den Großen Geist zu meiden und wandten sich den neugeschaffenen tieren zu. Es geschah auch, wie vorher bei den menschen, daß sie sich mit ihnen geschlechtlich vermischten: die tiere lernten von den *unerklärbaren wesen*: weibchen von vätern, männchen von den müttern. Und die tiere, die aus solchen verbindungen hervorgegangen waren, hatten stets einen wichtigen menschlichen körperteil anstelle des ursprünglichen: manche schlange besaß hände, mit denen sie ihr opfer ergreifen konnte, fische wurden mit weiblichen oberleibern geboren, bären und wölfe waren vom nabel abwärts wie männer gestaltet, es gab wieder viele abarten, je nach kreuzung mit den *unerklärbaren*. Die menschen wandten sich jetzt mehr und mehr dem Großen Geist zu, indem sie einen genossen und vater erblickten, sie schnitzten ihm hölzerne bildnisse und stellten seltsame steine auf, sie setzten besondere tage fest, an denen sie ihm lieder sangen, sie verwendeten seinen namen im zorn, wenn sie im wald ein tier verfehlten. Auch redeten sie sich ein, der Große Geist werde sie nach ihrem tod zu sich nehmen, um mit ihnen sein haus zu beleben.

Nur wenige menschen dachten noch an die *unerklärbaren wesen*, von denen sie gelernt hatten.

In den ersten tagen der welt gab es nur frauen, sie hatten keine männer, der wind schwängerte sie im sommer, und gegen frühling gebaren sie töchter, aber keine söhne. Sie wußten nichts von einem anderen geschlecht, sie vermißten es nicht, zumal sie sich, sooft sie wollten, in den armen der brisen und zwischen den beinen der stürme ergötzten, sie fanden abwechslung je nach art und weise des windes.

Eine frau wurde schwanger, es kam sie lust an, honig zu essen, sie bat ihre mutter, welchen zu bringen. Die mutter ging in den wald, sie suchte lange, endlich fand sie einen baumstumpf voll wildem honig. Sie vertrieb die bienen mit feuer und brachte ihrer tochter den honig. Diese aber sagt: »Der honig, den du mir gebracht hast, ist alt und kalt. Ich will ihn frisch und warm!«

Die mutter ging wieder in den wald, konnte aber keinen warmen honig finden und kehrte unverrichteter dinge zurück. Inzwischen war das kind zur welt gekommen, die frau hatte immer noch lust auf honig. Die mutter ging abermals in den wald. Diesmal fand sie einen großen baum, der voll honig war. Die mutter lief zurück und berichtete davon der tochter. Die tochter nahm ihr kind und ging mit der mutter an die stelle, wo der große baum voller honig stand, sie wollte den honig ganz frisch und warm für sich und ihre kleine tochter.

Als sie zu dem baum gekommen waren, legte sie das kind darunter, sie deckte es mit jungem moos und blütenblättern zu. Die mutter der frau stellte eine leiter an den baum und hieß ihre tochter hochzuklettern. Als sie das loch erreicht hatte, in dem der bienenstock war, saß sie auf einem ast nieder und begann von den waben zu essen. Die bienen stachen sie, aber sie kümmerte sich nicht darum. Die mutter der frau sah sie von unten, sie dachte:

»Meine tochter ist von einer bärin verschlungen worden!« Es waren aber schwarze bienen, die die frau in dichten schwärmen eingehüllt hatten, so daß sie einer bärin glich. Die mutter der tochter wollte das kind ihrer tochter aufheben und aus dem wald laufen, sie hatte große angst vor der bärin, sie fürchtete, verschlungen zu werden. Das kind aber war zu einer eidechse geworden und davongehuscht, moos und blütenblätter hatten es verwandelt, es war die erste eidechse, von ihr stammen die saurier und die gekkos. Die mutter der tochter lief in die siedlung der frauen zurück und berichtete von dem unglück. Nachdem sich die frau sattgegessen hatte, wollte sie hinuntersteigen zu ihrer mutter und zu ihrem kind, aber der bienenschwarm hinderte sie daran, er hob sie in die luft und flog mit ihr in eine gegend, durch die ein großer strom floß. »Wir bringen dich zu unserer menschenkönigin«, sagten sie, »denn du hast uns beraubt, indem du die arbeit eines ganzen jahres in einer viertelstunde aßest. Imaquawaq wird bestimmen, was mit dir geschehen soll.«

Imaquawaq, die menschenkönigin der schwarzen bienen, war in diesen tagen die erste zauberin und hexe. Sie lebte in einer weide an dem großen strom, der diese gegend durchfloß. Der bienenschwarm brachte die frau zu der weide, die zauberin saß davor.

»Was soll ich mit dir tun«, sagte Imaquawaq zu der frau, »du hast meine bienen beraubt. Soll ich dich in die weidenzweige meines hauses flechten, damit dich meine bienen zu tode stechen? Soll ich dich meinen vier Lieblingswinden vorwerfen, damit sie dich solange liebkosen, bis du verrückt wirst? Soll ich dich in diesen strom werfen, damit die lachse in dich schlüpfen, um dich von innen aufzufressen?«

»Tu mir nichts«, sagte die frau, »oder wirf mich deinen vier lieblingswinden vor!«

Imaquawaq pflöckte die frau an händen und füßen vor ihrem weidenhaus fest und rief ihre vier winde. Nach einer woche war die frau von sinnen, sie raste in ihren fesseln, sie spuckte den vier winden ins gesicht, sie spie sie an, sie schrie:

»Ich habe genug von euch, ihr gebt mir nichts mehr, geht wieder zu eurer alten hexe, ihr seid zu schwach für mich, merkt ihr nicht, wie eure knie schlottern?«

Die winde schauten einander an, sie ließen von der frau ab, einer nach dem anderen, sie verzogen sich in die wipfel der bäume und atmeten schwer. Als Imaquawaq das bemerkte, rief sie: »Nord, Ost, Süd, West, ich kenne euch nimmer!« Sie band die frau los und nahm sie und in ihr weidenhaus, sie gab ihr honig zu essen, sie wusch sie mit einem absud von blütenblättern, sie trocknete sie mit jungem moos. Die frau verwandelte sich in den ersten mann, er fiel über Imaquawaq her und schändigte sie sieben tage und sieben nächte. Darauf machte er sich auf und kehrte in die siedlung der frauen zurück. Imaquawaq gebar nach einer zeit sieben söhne, auch sie gingen, nachdem sie erwachsen waren, in die siedlung der frauen. Von ihnen stammen gorilla und orang-utan.[2]

Keine Ursache, macht Nichts
Gary Snyder

Der Vater ist das Nichts
Die Frau   Welle
Ihr Kind   die Materie.

Materie treibt es mit seiner Mutter
Und ihr Kind ist Leben, eine Tochter.

Die Tochter ist die Große Mutter,
die, mit ihrem Vater / Bruder Materie als Geliebten,

zur Welt bringt Bewußtsein.[3]

Paul Bunyan, der Erfinder der Holzfäller-Industrie
Nordamerika

Man sagt, Paul Bunyan sei in Neuengland geboren worden, aber da er als Riesenbaby zur Welt kam, hatten seine
Eltern gewisse Schwierigkeiten, ihn in ihrem Haus auf-
zuziehen. Sechs Netzeflicker in der Stadt bekamen deshalb den Auftrag, eine rießige Hängematte herzustellen.
Sie war sieben Kilometer lang und drei Kilometer breit.
Die Enden der Hängematte knüpfte man an die Felsen
von zwei Landspitzen, und dann legte man Paul hinein.
Aber inzwischen war das Riesenbaby schon wieder gewachsen und hatte gelernt, sich selbst in den Schlaf zu
schaukeln. Das war nun eigentlich sehr praktisch, aber
bald stellte sich auch wieder heraus, daß die Bewohner
von Neuengland durch die Schaukelkünste des früh-
reifen Knaben in Bedrängnis gerieten. Sein Hin- und
Herschwingen machte nämlich so einen Wind, daß
Springfluten aufkamen und alle Küstenstädte überflutet
wurden.
Da beschloß der Rat der neuenglischen Provinz, Paul
Bunyan in die großen Wälder im Norden zu schicken,
wo noch keine Menschen lebten und der Knabe mit seinen kindlichen Spielereien niemand stören konnte.
Nun muß man wissen, daß Paul Bunyan mit einem
Schritt am Leib auf diese Welt gekommen war, den andere Leute nur haben, wenn ihnen jemand ein Paar Sie-
benmeilenstiefel vermacht. Also war es für ihn auch eine
Kleinigkeit, innerhalb von einer halben Stunde von Neuengland bis zur Hudsonbai zu stiefeln. Dort fand er eine
große Höhle und ging erst einmal in den großen Wald auf

Biberjagd. Als er genug Pelztiere gefangen hatte, um sich seine Wohnung warm auszuschlagen, dachte er nun daran, daß er als nächstes Lesen und Schreiben lernen müsse. Da es in den großen Wäldern weder Lehrer noch Schiefertafeln, noch Griffel gibt, Paul aber schon von kleinauf sehr erfinderisch war, holte er sich einen riesigen, ausgehöhlten Baumstamm und benutzte den Felsblock vor seiner Höhle als Tafel. Das Alphabet lehrte er sich selbst – wie sich überhaupt seitdem die Amerikaner die tollsten Dinge selbst beibringen.

Nun ist es für Gelehrte – und so kann man Paul getrost nennen – immer recht mühsam, sich um das tägliche Brot, um Haushalt und Kleidung zu kümmern. Auch dieses Problem hat Paul Bunyan beispielhaft gelöst. Er zähmte sich sechzehn schwarze Eichhörnchen, die ihm seine Höhle putzten, Feuerholz für den Kamin herbeischleppten und das Essen kochten. Für die Jagd auf Wild hatte er seinen treuen Hund abgerichtet, der den Namen »Niagara« erhielt, weil er so rasch über einen Hirsch oder einen Hasen herfiel wie die Niagarafälle über ein Borkenkanu.

Jeder wird sich noch an den Winter mit dem blauen Schnee erinnern, der so streng war, daß der Pazifische Ozean zwischen Japan und USA zufror. Während es anderen Leuten in diesem Winter ziemlich übel ging und sie sich Frostbeulen an den Fingern und Zehen holten, saß Paul Bunyan in seiner Höhle an der Hudsonbai und fühlte sich pudelwohl. Niagara brachte jeden Morgen Elchfleisch, die Eichhörnchen putzten, kehrten und scheuerten, und Paul saß bis tief in die Nacht beim Schein eines großen Kienspan und erlernte die Geheimnisse des Alphabetes, aber hauptsächlich die Schnörkel machten ihm zu schaffen. Doch wie es immer so ist, wenn es großen Männern zu wohl ist: sie werden unzufrieden. Immer öfter schweiften Pauls Gedanken von den langen Buchstabenreihen ab und verloren sich in Träumen. Sollte er sein ganzes Leben in dieser Höhle sitzen? Irgendwo gab es bestimmt eine große Arbeit zu tun, die gerade auf ihn wartete. Noch waren das alles Träume, aber eines Tages – das wußte er – würden diese Träume Wirklichkeit werden. Er war so groß und kräftig. Er mußte irgendwohin mit seiner geballten Kraft, die in seinen Muskeln saß.

Eines Morgens erwachte Paul. Es war kalt geworden in der Höhle. Er griff sich eine Handvoll Bäume und warf sie auf das zusammengesunkene Feuer. Dann trat er an den Eingang zur Höhle. Der blaue Schnee türmte sich draußen in hohen Wehen. Blaudünstiger Nebel verhängte die Sicht, und ein furchtbarer Sturm durchraste die Wälder. Paul sah unter den großen Stein neben der Höhlentür. Der Elchbraten war noch nicht geliefert worden. Da machte er sich Sorgen um Niagara. Es wird ihm doch bei dem Sturm nichts passiert sein, dachte er bei sich, vielleicht hat ihn die blaue Färbung, die der Schnee in diesem Jahr angenommen hat, verwirrt.

Es war aber so, daß die Elchrudel bis fast an den Nordpol gezogen waren. Doch ehe der Tag zu Ende war, hatte Niagara sie eingeholt und einen gewaltigen Elch geschlagen. Dann aber kam die Dunkelheit. Pflichtbewußt, wie Niagara nun einmal war, lief er zu, nur aber leider in die falsche Richtung. Schließlich kam er, ohne es zu wissen, oben am Nordpol an, und da er mit sehr hoher Geschwindigkeit dort eintraf, schleuderte ihn die Drehkraft der Erde hoch in die Luft. Er stürzte zwar wieder zu Boden, brach aber dann durch eine neunzig Meter dicke Eisdecke und ertrank im Wasser. Von alledem wußte Paul Bunyan freilich nichts. Ihm konnte der Schneesturm nichts anhaben. Feuerholz hatte er genügend in seiner Höhle gestapelt.

Nach ein paar Tagen wurde er hungrig, aber wenn er träumte, spürte er den Hunger kaum. Nach einer Woche begann die Sonne wieder aus dem weißblauen Himmel zu scheinen. Der seltsame blaue Schneefall hatte aufgehört. Eine zwickende Kälte lag in der Luft. Auf allen

Zweigen glänzte Rauhreif, und auf dem Boden klirrte der verkrustete blaue Schnee wie Glas, wenn man darauf trat. Paul Bunyan schnallte seine Schneeschuhe an und machte sich auf die Suche nach Niagara. Er war nun so groß, daß er die höchsten Baumgipfel noch überragte. Seine weinrote Jägerkappe hob sich von dem schwarzen Haar gut ab. Er trug eine Jacke, orangefarben mit purpuren Punkten, und um den Hals hatte er sich einen gelben Wollschal gebunden. Die grauen Wollsocken waren oben über die Ränder der schwarzen Stiefelschächte umgeschlagen. So eilte er durch die Wälder dahin. Hoch lag der blaue Schnee, und von Bäumen und Sträuchern sprühte ein mattes Goldlicht.

Fünf Tage suchte Paul Bunyan nach Niagara vergebens. Auch traf er kein einziges Stück Wild. Endlich kehrte er traurig in seine Höhle zurück. Es war ihm nie aufgefallen, wieviel ihm sein Hund bedeutet hatte. Erst jetzt, da er nicht mehr um ihn war, merkte er es. Einsam war er, und schlaflos wälzte er sich des Nachts auf seinem Lager hin und her. Es war dunkel in der Höhle. Nur ab und zu sprangen ein paar Funken aus dem Kamin und jagten wie Sternschnuppen durch die Finsternis. Plötzlich hörte er ein gewaltiges Krachen und Splittern, so, als ob Millionen von Baumstämmen zerbrochen worden seien. Er horchte, und nun war es ihm, als ob er draußen ganz kurz ein klägliches Muhen gehört habe. Er sprang auf, ging zum Eingang der Höhle und sah im Mondlicht, wie eine hohe Welle sich am Strand der Hudsonbai brach. Das Wasser rann fast bis zum Stein neben dem Eingang zur Höhle, dann erst flutete es wieder zurück. Er zog seine Stiefel an, und zwei Schritte brachten ihn zum Ufer. Das Wasser war wochenlang mit einer zehn Meter dicken Eisschicht bedeckt gewesen. Nun war das Eis zersprungen, und Paul entdeckte zwischen den Schollen etwas, das wie zwei riesige Elchsohren aussah. Er watete ins Wasser, bis er den Gegenstand, der eine Meile vom Strand entfernt zwischen dem Eis trieb, erreicht hatte. Er griff nach ihm, furchtlos zog er, hob schwer … ein Kopf kam aus dem Wasser … die Augen waren geschlossen … Schultern, Vorderbeine … Körper … Hinterbeine, endlich der gelockte Schwanz. Es war ein neugeborenes Kalb. Er nahm es auf die Arme und trug es an Land. Dabei rief er aus:

»Nom d'un nom! Pauvre petite bleue bete!« Denn das Kalb hatte ein blaues Fell, geradeso wie die Farbe des Schnees in diesem Winter. Ein blaues männliches Kälbchen war es. Paul Bunyan fühlte eine vorher nie gekannte Regung von Zärtlichkeit »Ma bete«, sagte er, »mon cher bleu bebe!«

Er wickelte das Kälbchen in Felle, fachte das Feuer an und rieb den Körper des Tiers solange mit Reisig, bis wieder Atem seine Flanken hob und senkte. »Eh bebe«, sagte er dann glücklich lachend, »eh bebe! Sacre bleu. Bon bleu, mon cher.«

Das Kälbchen schlug erstaunt die Augen auf und sah ihn mit einem weichen, sehr klugen Blick an.

Das Kälbchen wird hungrig sein, dachte Paul, wo bekomme ich jetzt nur Milch her. Er lief wieder in die Wälder hinein, um die Elchherde zu finden, zu der das Tier gehören mußte, aber wie weit er auch suchte, er fand nirgends eine Spur. Da pflückte Paul Bunyan Rentiermoos, eilte zurück in die Höhle und kochte einen Sud, den er dem Kälbchen einflößte. Dem Tier schien die Nahrung gut zu schmecken, es schmatzte und leckte, und ehe der Frühling kam, war es groß und stark geworden. Bald war in der Höhle kein Platz mehr, und Paul mußte sich daranmachen, einen großen Stall zu bauen. Bis er aber mit dieser Arbeit fertig war, hatte der Ochse wiederum an Größe und Stärke zugenommen, und ein noch größerer Stall war notwendig. Da es aber in den Wäldern am klügsten ist, das viele Holz als Baumaterial zu verwenden, mußte Paul nun allerlei Methoden ersinnen, wie man schnell große Mengen Holz fällen kann. So war eigentlich der Ochse daran schuld, daß das Holzfällen in den großen Wäldern zu einem ganz eigenständigen Beruf wurde. Denn als das Tier endlich einmal nicht mehr wuchs, hatte Paul Bunyan so viele nützliche Handwerkzeuge und Tricks erfunden, daß er beschloß, im Holzfällen seine große Lebensaufgabe zu sehen, von der er in seiner Höhle immer geträumt hatte.

Paul Bunyan gründete also ein Holzfällercamp, und sein blauer Ochse, der mächtig stark war, bewährte sich gut bei der Arbeit, die abgehauenen Stämme, die zu großen Bündeln zusammengeschnürt wurden, hinunter zu den Flüssen zu schleifen. Bald war Paul Bunyan der angesehenste Mann unter allen Holzfällern und Bauunternehmern in Kanada und in den USA. Er hielt immer alle Liefertermine ein, weil er inzwischen die Massenproduktion von Brettern und Balken erfunden hatte.

Trotz alledem, auch Paul Bunyan hatte seine Sorgen. Das Holzfällen ging nun so rasch, daß die Buchhaltung nicht mehr nachkam.

Zu dieser Zeit gab es noch keine Zahlen von der Art, wie wir sie heute kennen, und von doppelter Buchführung hatte auch noch niemand in der Neuen Welt etwas gehört. Also mußte Paul alle Rechnungen im Kopf ausführen oder bei schwierigen Aufgaben die Finger zu Hilfe nehmen.

Und was gibt es in einem Holzfällerlager nicht alles zu rechnen! Acht Tage und siebenundvierzig Stunden brachte Bunyan allein mit der Lohnliste zu, von den Kommissionslisten, den Einschlaglisten, den Heu- und Futterlisten gar nicht zu reden!

Vom vielen Zählen bekam er Blasen an den Fingern, aber er zählte weiter. Und als er an den Fingern keine Blasen mehr bekommen konnte, bildeten sich vom Zählen Blasen am Handgelenk und auf dem Arm, und schließlich brauchte er einfach einen Erholungsurlaub, wenn er nicht vor lauter Blasen verbrennen wollte. Also fuhr er zum Nordpol! Dort stand immer noch die Tagesstreckmaschine, die er einstmals erfunden hatte, als er in der Arktis Holz schlug. (Später verkaufte er sie an die Eskimos, die aus ihr guten Nutzen zogen.) Mit der Tagesstreckmaschine machte er sich einen ganz langen Tag und dachte über seine Buchhaltungsprobleme nach. Es wollte und wollte ihm aber keine erleuchtende Idee kommen, was nicht erstaunlich ist, denn am Nordpol ist es auch an langen Tagen nicht sehr hell. So kehrte er um und durchstreifte die Wälder an der Hudsonbai.

Müde von der langen Wanderung setzte er sich auf einen Berg, und als er dort grübelnd hockte, kam ein Bursche des Weges, der war fast so groß wie Paul Bunyan selbst. Er hatte eine hohe Stirn, und um sie auch recht zur Geltung kommen zu lassen, ging er barhäuptig, und das galt damals als ein Zeichen großer Gelehrsamkeit. Was Paul an der Kleidung dieses Menschen gleich zu Anfang am meisten verwunderte, war der Kragen. Er war sehr hoch und steif und blütenweiß und sah sehr unbequem aus. (Später waren an jedem Sonntag 39 Männer in Pauls Lager allein damit beschäftigt, diesen Kragen zu waschen!)

Paul bot dem Fremden von seinem Kautabak an, und dann nannten sie beide ihre Namen. Der Fremde hieß Jonathan. Paul verstand den seltsamen Namen nicht gleich. Und was tat der Fremde? Er holte einen riesigen Bleistift, den ersten, den man in den großen Wäldern je gesehen hat, hervor, schrieb seinen Namen auf ein Stück Papier und überreichte Paul diese Visitenkarte.

»Wenn du schreiben kannst, kannst du vielleicht auch rechnen?« fragte Paul Bunyan vorsichtig.

»Nichts leichter als das«, sagte Jonathan verächtlich.

»Könntest du mir dann einmal schnell sagen, wieviel Festmeter Holz zwischen hier und der Hudsonbai stehen?«

»Nichts leichter als das«, antwortete Jonathan wieder. Seine Augen bekamen einen etwas glasigen Ausdruck, und Paul meinte hinter seiner hohen Stirn etwas rattern zu hören, aber ehe er noch ganz sicher war, ob da wirklich etwas ratterte, sagte Jonathan:

»Es sind genau 43 000 421 Festmeter.«

Paul staunte:

»Wie hast du das nur herausbekommen?« wollte er wissen.

»Höhere Mathematik, mein Lieber. Wozu hat man auf der hohen Schule in Stockholm gelernt, wenn man solche Kleinigkeiten *nicht* im Handumdrehen herausbekommt.«

»Nun gut«, sagte Bunyan, »im Kopfrechnen bin ich auch nicht schlecht, aber ich träume immer davon, Zahlen zu erfinden, die man aufschreibt und die nicht wieder verlöschen.«

»Sind schon erfunden«, sagte Jonathan; »von mir!«

Wieder holte er seinen Bleistift hervor und schrieb die lange Zahl, die er eben zuvor genannt hatte, neben seinen Namen auf die Visitenkarte.

»Du bist mein Mann«, sagte Paul Bunyan und verpflichtete Jonny Inkslinger, der damals noch Jonathan hieß, als Buchhalter für sein Holzfällercamp.

Die Geschichte von Hank Lord
Die Erfindung der Automobil-Industrie
Nordamerika

Hank Lord war ein Mann, der schon immer alles auf Räder gestellt sehen wollte, noch lange ehe er selbst eine Automobilfabrik besaß. Als er noch klein war, schrie und jammerte er so lange, bis sein Vater endlich mit ihm auf Rollschuhen spazieren ging, und nicht zu Fuß wie das andere Väter mit ihren Kindern tun. Er fuhr sein Frühstücksbrot in einem kleinen roten Wagen zu dem kleinen Schulhaus, und versuchte den Kühen das Radfahren beizubringen, damit sie schneller von der Weide in den Stall zurückkamen, wenn es Zeit wurde, sie zu melken. Die Straße, in der er wohnte, hieß schon Avus, ehe es überhaupt Autos gab, und auf der Rennstrecke von Indianapolis wuchs damals noch Heu. Er war schnell auf Rädern, und er wußte genau, daß Räder diese Welt in Gang halten und die Arbeit voranbringen und daß dies gut und richtig ist und all dies wußte er auch zu einer Zeit, wo sich andere Leute noch hinter den Ohren kratzten und sich überlegten, ob das große Geschäft nicht auf andere Art und Weise zu machen sei.

Als er dann die Automobilfabrik eröffnete, war in den Hallen nichts zu sehen als ein paar Karosserien und die Räder und nur der Teufel wußte, wie das zusammenpassen sollte. Bis dann eines Tages ein paar Männer kamen und sich im Kreis aufstellten, und ein Gestell kam von der Decke herab und paßte auf die Räder, und sie hämmerten und bummerten eine Weile an dem alten Eisen herum, bis es schließlich nach etwas aussah, von dem man ganz sicher war, daß es nur eine Brise Benzin schnuppern brauchte, und schon würde es lossausen, haste-was-kannst, wie sonst nur die Feuerwehr zwölfspännig oder der Wind um alle Ecken, auf Nimmerwiedersehn.

Zuerst baute Hank seine Autos aus Eisen, aber bald kam er dahinter, daß Eisen viel zu haltbar war und daß deshalb die Kiste aus Blech sein mußte. Also jagte er ein paar seiner Arbeiter durch ganz Chicago, hin zu jedem Altwarenhändler, und ließ sie jedes Stück altes Blech zu einem Spottpreis aufkaufen. In der Fabrik wurden die alten Konservendosen und Kuchenbleche ein bißchen behämmert, und damit das Ganze auch zusammenhielt, band man vorn um den Kühler einen Ledergürtel. Und nie konnte Hank genug haben. Immer trieb er seine Leute an:

»Los, Jungs, mehr Blech 'ranschaffen, mehr Räder her. Laßt anrollen, Jungs, laßt anrollen!«

Mit der Zeit wird das alles noch sehr verbessert werden,

sage ich euch. Das ist ganz sicher, so wahr, wie der liebe Gott kleine Äpfel wachsen läßt. Es kommt noch dahin, daß zwei Männer die ganze Arbeit allein machen können. Der eine haut die ganzen Blechdosen und alten Kuchenbleche zu einem großen Block zusammen, der andere läßt mit einem sanften Druck auf einen Hebel eine schwere Stanzform von der Decke auf den Block herunter, peng, kritsch!, und fertig ist der neuste Flitzer. Natürlich läßt sich auch diese Methode noch verbessern. Zum Schluß wird alles ein Mann machen, und der hat nebenbei auch noch Zeit, seinem alten Herrn den Rasen zu mähen, um überhaupt etwas vorzuhaben und nicht Daumen drehen zu müssen. Das wird gar nicht mehr so lange dauern, und viele Männer, ohne einen Zahn im Mund und ohne ein Haar auf dem Kopf, werden es bestimmt noch erleben. Es wird, so sage ich euch, dahin kommen, daß die Konservendosen, die man auf die Straße wirft, von allein zu Hanks Fabrik wandern, weil man inzwischen so eine Art dressiertes Blech erfunden haben wird. Und schließlich singen die Kinder heute schon auf der Straße:

Früher ist der Mann zu Fuß gelaufen.
Er hatte kein Auto und konnt' sich auch kein's kaufen.
Hat er heut' ein Stück Blech und zwei Achsen dran,
hat er auch'nen Flitzer, mit dem er fahren kann.

Nun eines Tages ging's bergab mit dem guten Hank Lord. Man sah's an seinem Gesicht, daß er krank war. Zehntausend Doktoren liefen mit sorgenvoller Miene in seinem Haus mit den fünfhundert Zimmern herum. Und die fünftausend Krankenschwestern, die man angestellt hatte, konnten auch nichts anderes tun, als ein paar Tränen zu vergießen und mit einem Seufzer zu sagen: »Dafür, daß es ihm so schlecht ging, ist eigentlich alles recht gut abgegangen. Nur schade, daß er dabei gestorben ist.«

Man schickte nach einem Sarg und legte ihn hinein, und

sechs Leichenträger trugen den Sarg mit angemessenem Schritt zum Friedhof. Sie hatten einen Stundenlohn von sechs Dollar und wußten, was sie diesem Tarif schuldig waren an feierlichen Gesichtern und würdevollem Schreiten. Und das war zuviel für den Toten. Es war zuviel für einen Mann, der immer mit Rädern und Wagen gelebt hatte und dem nun seine Ruhe wohl zu gönnen war. Aber er kam nicht davon los – auch im Sarg nicht.

Und so richtete er sich auf, klopfte von innen an den Deckel, und als man erschreckt aufmachte, schrie er der Trauergemeinde ins Gesicht:

»Was ist denn hier los? Nennt ihr das Beschleunigung! Setzt doch das Ding auf Räder! Und dann entläßt fünf von diesen sechs schrägen Vögeln, und setzt den sechsten auf halben Lohn, denn das ist leichte Arbeit und die Stunde hat nur 60 Minuten, und ihr Arbeitstempo ist miserabel.«[5]

Wie die Schweiz entstand
Schweiz

Ein neunjähriger Junge wurde über den Ursprung seines Heimatlandes befragt.

»Wie hat es mit der Schweiz angefangen?«

»Einige Leute kamen«, antwortete er.

»Und von wo?«

»Ich weiß nicht. Es gab Blasen auf dem Wasser und einen kleinen Wurm darunter. Der wurde immer größer, er stieg aus dem Wasser, er fraß. Arme, Zähne, Füße und ein Kopf wuchsen ihm, und dann wurde daraus ein Baby.«

»Und wo kam die Blase her?«

»Aus dem Wasser. Der Wurm kam aus dem Wasser, die Blase platzte, und der Wurm kam heraus.«

»Und was war auf dem Boden des Wassers?«

»Da war die Blase. Sie stieg von dort aus auf.«

»Und was geschah mit dem Baby?«

»Es wurde groß und bekam selbst Babies. Und als es starb, hatten seine Babies selbst Kinder. Und später wurden einige Franzosen, einige Deutsche und einige wurden Savoyarden ...«[6]

Quellenverzeichnis

Vorwort

1 Joseph Campbell, *The Masks of God, Primitive Mythology*, S. 94 Penguin Books Ltd, Harmondsworth, Middlesex, England, 1976
2 Joseph Epes Brown (recorder and editor), *The Sacred Pipe: Black Elk's Account of the Seven Rites of the Oglala Sioux*, S. 37, University Oklahoma Press, Norman 1953
3 ebenda
4 Marie-Louise von Franz, *Creation Myths*, S. 16 Spring Publications, Zürich 1972

An die Schöpfer-Gottheit

1 P. Ainsworth Means, *Ancient Civilisations of the Andes*, S. 437 nach Dr. Miguel Mossi, Lavone Quevedo, S. 339 (Quechua-Text)

I.
Die Götting der Morgenröte –
die weibliche Schöpfungsgottheit

1 Nach: Gerda Gollwitzer, *Botschaft der Bäume gestern, heute, morgen?*, S. 11 DuMont Buchverlag, Köln 1984
2 »Hymne auf die Göttin unter dem Aspekt der Herrscherin der Welt« (Bhuvanesvari), Aus: Tantrasara, Arthur and Ellen Avalo, *Hymns to the Goddess*, S. 32, Luzac and Co, London 1913
3 Richard Fester, Marie E. P. König, Doris F. Jonas, A. David Jonas, *Weib und Macht. Fünf Millionen Jahre Urgeschichte der Frau*, S. 37, Fischer Taschenbuch Band-Nr. 3716, Frankfurt/Main 1980

4 Karl Brüning, *Die Sache mit dem Apfel*, Freiburg i. Br. 1972

5 Homer, Ilias XIV, 201, 261, *Orphische Fragmente* 60, 61, 70.
Siehe auch Robert von Ranke-Graves, *Griechische Mythologie, Quellen und Deutung*, Bd. 1, S. 25, Rowohlt Verlag, Reinbek bei Hamburg, 1960 und *Orpheus-Altgriechische Mysterien*, übertragen und erläutert von J. O. Plassmann, Eugen Diederichs Verlag, Köln 1982

6 Konrad T. Preuss, *Die Eingeborenen Amerikas. Religionsgeschichtliches Lesebuch*, S. 39, Tübingen 1926

7 *Die Schöpfungsgeschichte der Nehan*, aus: *Märchen aus Papua-Neuguinea*. Herausgegeben und übersetzt von Ulla Schild, © 1977 by Eugen Diederichs Verlag

8 Inge Ott: Kalevala, *Die Taten von Väonämoinen Ilmarinen und Lemminkäinen*, neu erzählt, S. 7, Verlag Freies Geistesleben, Stuttgart 1978

9 Zitiert nach Richard Fester, a. a. O. S. 36

10 Leonard William King, *Chronicles Concerning Early Babylonian Kings*, Band II, S. 87–91, London 1907

11 Nach: Arthur Ungnad und Hugo Gressmann, *Das Gilgemesh-Epos*, Vandenhoeck & Ruprecht, Göttingen 1911, Campbell Thompson, *Gilgamesh*, 1929 u. 1930 u. N. K. Sandars, *The Epic of Gilgamesh*, S. 85, Penguin Books, a. a. O. 1960

12 Sir Arthur John Evans, *The Palace of Minos*, Bd. III, S. 145–55, Macmillan, London, 1921–1935

13 David P. L. B. Drach: *De'l Harmonie de l'Eglise et de la Synagogue*, Bd. II, S. 319, Paris 1922

14 Apuleius, *The Golden Ass*, in the translation of William Adlington, 1566. Deutsche Übersetzung durch Frederik Hetmann

15 Brit. Mus. MS. Harley, 1585, S. 12v–13r) Erwähnt bei Robert von Ranke-Graves, *Die Weiße Göttin*, Medusa-Verlag, Berlin 1981, S. 83

II.
Der männliche Schöpfungsgott

1 Richard Fester, a. a. O. S. 38
2 ibid. S. 39
3 K. T. Preuss, *Die Religion und Mythologie der Uitoto*, S. 166, Leipzig, 1921
4 Samuel Noah Kramer, *Sumerian Mythology*, American Philosophical Society, Philadelphia, 1944
5 Samuel Noah Kramer, *From the Tablets of Sumer*, S. 101–104, The Falcon's Wing Press, Indian Hills, Colorado, 1956
6 Arno Poebel, *Historical Texts*, S. 17, University of Pennsylvania, Philadelphia, The University Museum. Publications of the Babylonian Section, Vol. IV Nr. 1, 1914
7 Enuma Elish. Rekonstruiert nach Alexander Heidel, *The Babylonian Genesis*, Chicago 1951 u. L. W. King, *Babylonian Religion and Mythology*, S. 61–80, New York, 1899
8 *Die Fünf Bücher Moses – Die Fünf Bücher der Weisung*, verdeutscht von Martin Buber in Gemeinschaft mit Franz Rosenzweig, S. 9 ff, Lambert Schneider Verlag, Heidelberg
9 Pyramid Text 1248«, *Pyramid Texts*, Longmanns, Green, New York, London, Toronto, 1952
10 Wilhelm Stroeber, *Indische Mythen*, S. 7 Leipzig, 1836
11 Jan Knappert, *Myth & Legends of the Swaheli*, Heinemann Educational Books, Nairobi, London, Ibadan, 1970
12 ebenda S. 14–24
13 Marcel Griaule, *Schwarze Genesis – ein afrikanischer Schöpfungsbericht*, Herder Verlag, Freiburg i. Br. 1970
14 *Walam-Olum, das Rote Buch*, Nach Brinton, *The Lenape and the Legends*

III.
Von oben nach unten – von unten nach oben

1 Hugh Fox (Herausgeber), *First Fire, Central and South American Indian Poetry*, S. 442, Anchor Press / Doubleday, Garden City, New York, 1978

2 Knud Rasmussen, *Myter og sagn fra Grönland*. 3 Bde. Kopenhagen, 1921–25

3 Curtin and Hewitt, *Report of the Bureau of American Ethnology*, XXXII, 460. Nr. 98

4 nach Aufzeichnungen von Frederik Hetmann in Kalifornien, 1968

5 nach Aufzeichnungen von Frederik Hetmann in Kalifornien, 1972

6 Elsie Clews Parson, *Tewa Tales*, S. 169, American Folk-Lore Society, New York 1926

7 G. Reichel-Dolmatoff, *Amazonian Cosmos: The sexual and Religious Symbolism of the Tukano Indians*, University of Chicago Press, 1971

IV.
Das Ding am Anfang und
der Anfang der Dinge

1 »Records of Ancient Matters«, Supplement of Vol X, *Transactions of the Asiatic Society of Japan*, S. 1–41, gekürzt und verändert durch Rückgriff auf Post Wheeler, *The Sacred Scriptures of the Japanese*, S. 1–17, New York 1952

2 Franz Boas, *The Central Escimo*, Report of the Bureau of American Ethnology, VI, 597, Washington, 1888

3 Henry Osborn, *Textos Folkloricos Warao V*, Nach »Antropologica, Caracas – Los Angeles, Instituto de Antropologia y Sociologia, 1970

4 *Die erste Mutter der Welt formt neue Tiere*. Aus: Leo Frobenius *Volksmärchen der Kabylen*, I. Band, Weisheit. Sammlung Atlantis Band 1. © 1921 by Eugen Diederichs Verlag

5 *Die Entstehung der Affen*. Aus: Leo Frobenius *Volksmärchen der Kabylen*, I. Band, Weisheit. Sammlung Atlantis Band 1. © 1921 by Eugen Diederichs Verlag

6 Edward Horton, *African Folktales*, Bristol, 1887

7 ebd.

8 Jan Knappert (Herausgeber), *Myth and Legends of the Congo*, S. 124, Heinemann Educational Books, London, Nairobi, Ibadan, 1971

9 ebenda S. 107

10 R. S. Rattray, *Akan-Ashanti Folktales*, London 1930
11 Nach: David Maclagan, *Creation Myth*, a. a. O. S. 8

V.
Moderne Schöpfungsmythen

1 Rechte beim Autor. Gesammelt 1968 in McComb, Missis-sippi, USA
2 H. C. Artmann, *Die Sonne war ein grünes Ei – Von der Erschaffung der Welt und ihren Dingen*, S. 14–20, Residenz Verlag, Salzburg und Wien, 1982
3 Gary Snyder, *Manzanita*, Bolinas 1972. Zitiert nach David Maclagan, *Creation Myth*, a. a. O.
4 Frederik Hetmann, *Amerika Saga*, Herder Verlag, Freiburg i. Br. 1964, Rechte beim Autor
5 Frederik Hetmann, *Amerika Saga*, Herder Verlag, Freiburg i. Br. 1964. Rechte beim Autor
6 Jean Piaget, *The Child's Conception of the World*, S. 231, Harcourt, Brace and Company, New York 1929

Märchen und Sagen aus aller Welt

Herausgegeben von Frederik Hetmann

Fischer Taschenbuch Verlag

Die Welt der Märchen

Fischer Taschenbuch Verlag

Die Welt der Märchen

Fischer Taschenbuch Verlag

fi 144/2 b

Die Welt der Märchen

Fischer Taschenbuch Verlag

Märchen

Märchen der Antike
Herausgegeben und bearbeitet von
Erich Ackermann
Band 2835

Bekannte Erzählungen wie *Amor und Psyche,* lange Zeit das
einzig bekannte Märchen der Antike, stehen neben weniger
bekannten, aber ebenfalls uralten mythischen Märchenmo-
tiven. Dieser Band vereint: Erotische Liebesmärchen von
Ovid, Reise- und Lügenmärchen aus der Odyssee und
Gespenstermärchen, die vom römischen Irrationalismus
geprägt sind.

Dornröschen und der Rosenbey
Motivgleiche Märchen
Herausgegeben von Barbara Stamer
Band 2865

Der Märchenfreund und Leser dieses Buches wird erstaunt
feststellen, wie altvertraute, von der Grimmschen Formu-
lierung her wohlbekannte Märchen uns in sprachlich immer
neuem und historisch anderem Gewand entgegentreten.
Gerade darin liegt der Reiz dieser nach motivlichen
Gesichtspunkten zusammengestellten Märchensammlung.

Fischer Taschenbuch Verlag

Anthologien

Spiele ohne Ende
Erzählungen aus 100 Jahren
S. Fischer Verlag
Herausgegeben von
Hans Bender. 880 Seiten. Leinen

Über, o über dem Dorn
Gedichte aus 100 Jahren
S. Fischer Verlag
Herausgegeben von
Reiner Kunze
179 Seiten. Leinen

Gedanke und Gewissen
Essays aus 100 Jahren
S. Fischer Verlag
Herausgegeben von
Günther Busch und J. Hellmut
Freund. 664 Seiten. Leinen

100 Jahre S. Fischer 1886–1986
Das Klassische Programm
Ein Lesebuch. 352 Seiten. Brosch.

Kassetten

Franz Kafka
Werke
Kassette mit 7 Bänden
2304 Seiten. Geb.

Thomas Mann
Die Romane
Kassette mit 7 Bänden
5703 Seiten. Geb.

Luise Rinser
Kassette mit 4 Bänden
1506 Seiten. Geb.

Virginia Woolf
Romane
Kassette mit 5 Bänden
1284 Seiten. Geb.

Einzelbände

Ilse Aichinger
Die größere Hoffnung
Roman
Meine Sprache und ich
Erzählungen
verschenkter Rat
Gedichte. *564 Seiten. Leinen*

Raymond Aron
Frieden und Krieg
Eine Theorie der Staatenwelt
Mit einem Geleitwort zur
Neuausgabe von Richard
Löwenthal. 942 Seiten. Leinen

Paul Celan
Sprachgitter
Die Niemandsrose
Gedichte. *158 Seiten. Leinen*

Paul Celan
Übertragungen aus dem
Russischen. Alexander Blok.
Ossip Mandelstam.
Sergej Jessenin. *158 S. Leinen*

René Char
Draußen die Nacht wird regiert
Poesien
Französisch und deutsch
Mit einem Nachwort von Albert
Camus. Ausgewählt von Christoph
Schwerin. 215 Seiten. Leinen

Joseph Conrad
Lord Jim
Eine Geschichte
463 Seiten. Leinen

Tibor Déry
Der unvollendete Satz
Roman. *951 Seiten. Leinen*

Sigmund Freud
Kulturtheoretische Schriften
657 Seiten. Leinen

S. Fischer

Sigrid Früh

Das Zauberpferd
Märchen aus Siebenbürgen und den Karpaten
Herausgegeben von Sigrid Früh
Band 2856

Die rumänischen Märchen – Märchen aus Siebenbürgen, der Walachei, dem Banat – sind bekannt für ihre Metaphern, ihren ursprünglichen, trockenen Humor. Sigrid Früh hat die authentischen Texte der bekannten Märchensammler Josef Haltrich, Peter Isperescu und der Brüder Schott vom zeitgebundenen Ballast, von sprachlichen Ungenauigkeiten des 19. Jahrhunderts befreit. In ihrem Nachwort gibt die Herausgeberin ein Lebensbild der genannten Märchensammler. Eine Übersichtskarte des heutigen Rumäniens erleichtert es, die Ortschaften und Landstriche zu finden, die in den vorliegenden Märchen erwähnt werden.

Die Frau, die auszog ihren Mann zu erlösen
Europäische Frauenmärchen
Herausgegeben von Sigrid Früh
Band 2858

Mit dieser Sammlung räumt Sigrid Früh gründlich auf mit dem Vorurteil, daß in den Märchen überwiegend schwache und blasse Frauengestalten zu finden sind, die nur darauf warten, von einem Mann wachgeküßt und geheiratet zu werden. Vielmehr werden hier in fünf Kapiteln Märchen vorgestellt, in denen die Frau »auszieht, um ihren Mann zu erlösen«. In einer ausführlichen Einleitung schildert die Herausgeberin die Rolle der Frau im Mythos und Märchen.

Fischer Taschenbuch Verlag

Ethnologische Lesebücher

Herausgegeben von Gerd Stein

Die edlen Wilden
Band 3071

Die Verklärung von Indianern, Negern und Südseeinsulanern auf dem Hintergrund der kolonialen Greuel.
Vom 16. bis zum 20. Jahrhundert.
Parallel zur Versklavung und Ausrottung sogenannter primitiver Völker entwickelte sich die Vorstellung von den edlen Wilden. Die zahlreiche Literatur dazu stellt einen Wiedergutmachungsversuch dar und zugleich eine neue Form der Nutznießung der Wilden.

Exoten durchschauen Europa
Band 3072

Der Blick des Fremden als ein Stilmittel abendländischer Kulturkritik. Von den persischen Briefen im 18. bis zu den Papalagi-Reden des Südseehäuptlings Tuiavii im 20. Jahrhundert. Wenn Nicht-Europäer als gut und edel hingestellt werden konnten, dann fehlte nicht viel, sie mit der Rolle eines Lehrmeisters zu versehen. Seit dem 18. Jahrhundert legten europäische Schriftsteller ihre kulturkritischen Ansichten Besuchern aus fernen Ländern in den Mund, um mit dieser Fiktion einen größeren Effekt zu erzielen.

Europamüdigkeit und Verwilderungswünsche
Band 3073

Der Reiz, in amerikanischen Urwäldern, auf Südseeinseln oder im Orient ein zivilisationsfernes Leben zu führen. Vom 18. bis zum 20. Jahrhundert. Wenn die Wilden als unverdorben gelten und die europäische Kultur in ihrer ganzen Falschheit durchschauen konnten, war es kein Wunder, daß Abendländer das Lager zu wechseln begannen. Kulturkritik und Liebessehnsucht verschmolzen in dem Wunsch, zu den Wilden zu ziehen.

Fischer Taschenbuch Verlag

Märkischer Dichtergarten

In der Reihe »Märkischer Dichtergarten« stellen die beiden Herausgeber Günter de Bruyn und Gerhard Wolf Werke von Dichtern und Schriftstellern aus der literarischen Tradition Berlins und der Mark Brandenburg vor, von den Hofpoeten des 17. Jahrhunderts über Nicolai und die Aufklärung, Gleim und seinen Kreis und die Berliner Romantik bis hin zu den Realisten des 19. Jahrhunderts.

Achim von Arnim
»Mir ist zu licht zum Schlafen«
Gedichte, Prosa, Stücke, Briefe. Band 5112

Bettina von Arnim
Die Sehnsucht hat allemal Recht
Gedichte, Prosa, Briefe. Band 5844

Ritter und Geister
Romantische Erzählungen
von **Friedrich de la Motte Fouque**
Band 5041

Und grüß mich nicht Unter den Linden
Heine in Berlin
Gedichte und Prosa. Band 5042

O, mir entwischt nicht, was die Menschen fühlen
Anna Louisa Karschin
Gedichte und Briefe. Band 5109

Ewald Christian von Kleist
Ihn foltert Schwermut, weil er lebt
Gedichte, Prosa, Stücke, Briefe. Band 5110

Rahel Levin
Rahels erste Liebe
Rahel Levin und Graf von Finckenstein
in ihren Briefen. Band 5114

Christoph Friedrich Nicolai
Vertraute Briefe von Adelheid B. an ihre
Freundin Julie S.
Ein Roman. Band 5111

Fischer Taschenbuch Verlag

fi 492/1